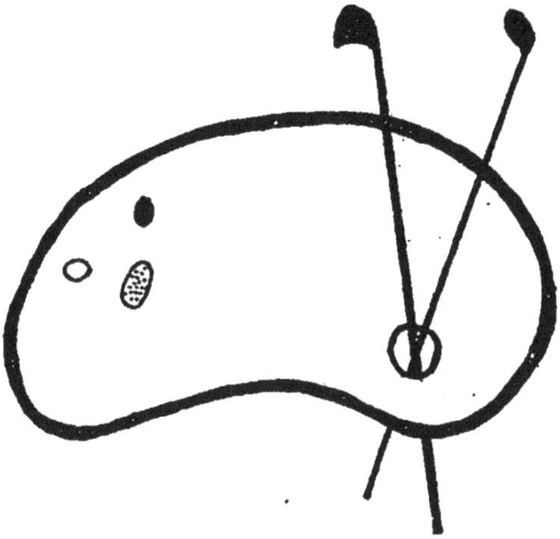

[QU]ESTIONS DE SOCIOLOGIE

L. GARRIGUET

QUESTION SOCIALE
et
ECOLES SOCIALES

(*Introduction à l'Étude de la Sociologie*)

Huitième édition

BLOUD & Cie
S. et R. 152-153

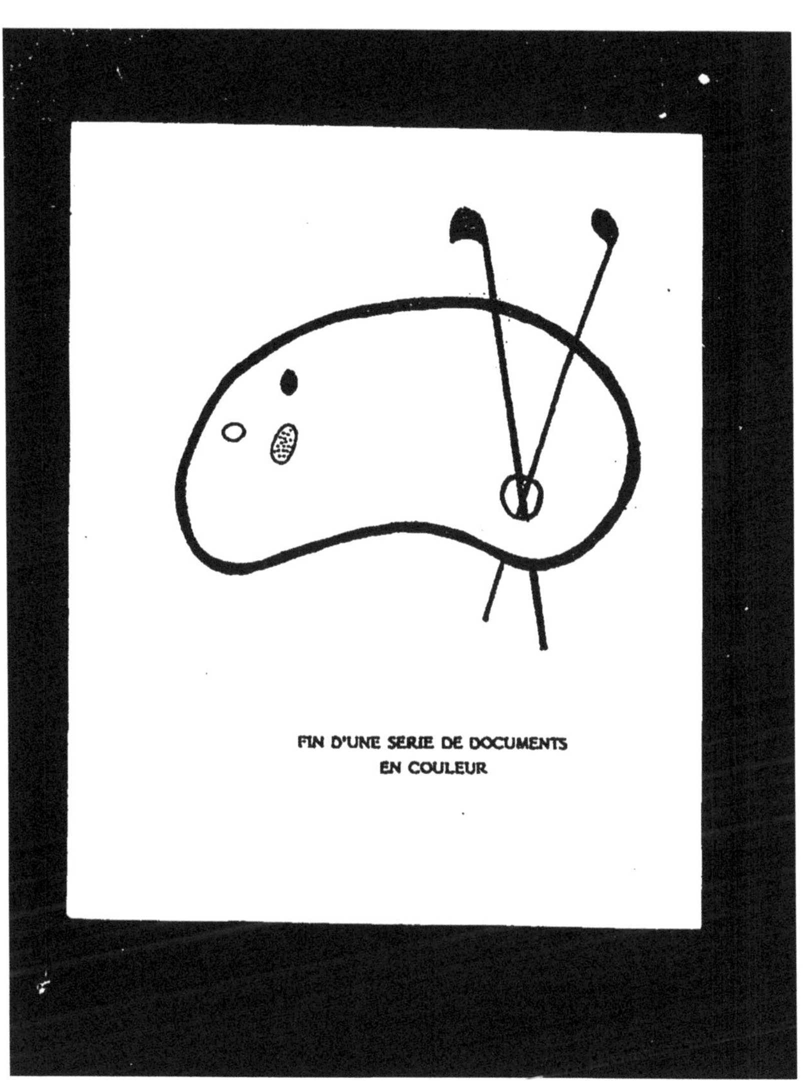
FIN D'UNE SERIE DE DOCUMENTS
EN COULEUR

QUESTIONS DE SOCIOLOGIE

I & II

INTRODUCTION A L'ÉTUDE DE LA SOCIOLOGIE

QUESTION SOCIALE et ÉCOLES SOCIALES

PAR

L. GARRIGUET

Supérieur du Grand Séminaire d'Avignon

PARIS

LIBRAIRIE BLOUD ET Cie

7, PLACE SAINT-SULPICE, 7

1909

DU MÊME AUTEUR

I-II. — **Question sociale et Ecoles sociales** (152-153). 2 vol. Prix.............................. **1 fr. 20**

III-IV. — **La Propriété privée** (154-155). 2 vol. Prix.............................. **1 fr. 20**

V. — **Le Salaire** (264). 1 vol................ **0 fr. 60**

VI. — **Le Contrat de Travail** (292). 1 vol... **0 fr. 60**

VII. — **L'Association ouvrière** (293). 1 vol.. **0 fr. 60**

VIII. — **Capital et Capitalisme** (304). 1 vol.. **0 fr. 60**

IX. — **Production et Profit** (358). 1 vol..... **0 fr. 60**

X. — **Prêt, Intérêt, Usure** (408). 1 vol..... **0 fr. 60**

TRAITÉ DE SOCIOLOGIE D'APRÈS LES PRINCIPES DE LA THÉOLOGIE CATHOLIQUE. Tome I. **Régime de la Propriété.** 1 vol. in-16.............................. **3 fr. 50**

— Tome II. **Régime du Travail,** 1 vol.... **3 fr. 50**

— Tome III. **Régime du Travail.** 1 vol... **3 fr. 50**

BIBLIOGRAPHIE GÉNÉRALE (1)

§ I.

Sur la question sociale en général.

ABZAC (Paul d'). — *La question sociale.*
ALLARD (Alphonse). — *La crise sociale; origine et remède.*
ANTOINE (S.-J.). — *Cours d'économie sociale.*
BÉCHAUX. — *Les revendications ouvrières en France.*
BÉGASSIÈRE (R. P. de la). — *Notion de la justice sociale.*
BERNARD-LAVERGNE. — *L'évolution sociale.*
BIEDERLACK (R.-P.). — *Het maatschappelijk Vraagstuk.*
BLANC (l'abbé Elie). — *La question sociale.*
— *Y a-t-il une économie politique chrétienne?*
BLONDEL (Jules-Edouard). — *La question sociale et sa solution scientifique.*
BLUNTSCHLI. — *La science sociale.*
BORIN-FOURNET. — *La société moderne et la question sociale.*
BRENTANO-LUJO. — *La question ouvrière.*
BRASSEUR — *La question sociale.*
CARO. — *Problèmes de morale sociale.*
CASTELEIN (S.-J.). — *Institutiones philosophiæ moralis et socialis.*
CATHREIN (S.-J.). — *Moralphilosophie.*
— *Die Aufgaben.*

(1) Les ouvrages ayant paru sur ces matières étant innombrables, l'auteur n'a pas la prétention de les citer tous. Il se contente d'en indiquer un certain nombre. Parmi ceux qu'il indique, tous sont loin d'avoir la même valeur scientifique et surtout la même orthodoxie doctrinale. Toutes les écoles se trouvent représentées. Plusieurs de ces ouvrages ne doivent donc être lus qu'avec une extrême prudence; la doctrine en est dangereuse et fausse. Le nom de l'auteur et le titre du livre suffisent généralement pour en faire connaître l'esprit.

CHAMBRUN (de). — *Mes nouvelles conclusions sociologiques.*
CHAMPAGNY (Comte de). — *De la charité chrétienne dans les premiers siècles.*
CLÉMENT Ambroise. — *La crise économique et sociale en France et en Europe.*
COMBES DE LESTRADE. — *Eléments de sociologie.*
COSTA ROSETTI. — *Questions sociales et ouvrières.*
DECKER (de). — *L'Eglise et l'ordre social chrétien.*
DEHON (chanoine). *Manuel social chrétien.*
— *Rénovation sociale chrétienne.*
— *Les directions pontificales.*
DECURTINS. — *Ketteler et la question sociale.*
FÉLIX (S.-J.). — *L'économie sociale devant le christianisme.*
FÉRET. — *La question ouvrière.*
FONSEGRIVE. — *La crise sociale.*
— *Catholicisme et démocratie.*
FOUILLÉE. — *La science sociale contemporaine.*
FUNCK-BRENTANO. — *La question ouvrière sous l'ancien régime.*
GAYRAUD (abbé). — *Questions du jour.*
GIDE. — *Principes d'économie politique.*
GOODS (C.-S.-S.-R.). — *Scopuli vitandi in pertractanda quæstione de conditione opificum.*
GOYAU. — *Le Pape, les catholiques et la question sociale.*
— *Autour du catholicisme social.*
GREEF (de). — *Le transformisme social.*
GUÉRIN Urbain. — *L'évolution sociale.*
HARMEL Léon. — *Catéchisme du patron.*
HENRY GEORGE. — *Progrès et pauvreté.*
— *De la condition des ouvriers, lettre ouverte à Léon XIII.*
HERBERT SPENCER. — *Problèmes de morale et de sociologie.*
— *Principes de sociologie.*
— *La science sociale.*
HULST (d'). — *Conférences de Notre-Dame de Paris. La morale sociale.*
HITZE (Frantz). — *La quintessence de la question sociale.*
HURET (Jules). — *Enquête sur la question sociale.*
HURTER. — *Tableau des institutions de l'Eglise au Moyen-Age.*
JULES SIMON. — *L'ouvrière.*
KIDD. — *L'évolution sociale.*
KRÖTZ. — *L'Eglise et l'esclavage dans le haut Moyen Age.*
LAPEYRE. — *Le catholicisme social.*
LEFÉBURE (Léon). — *Le devoir social.*
— *Les questions vitales.*
LEGAY. — *La question sociale ; l'unique solution.*

LEHMKUHL (S.-J.). — *Le mal social et l'influence de l'Eglise.*
LEMIUS (R.-P.). — *Catéchisme de la question sociale.*
LEROY-BEAULIEU (A.). — *Le Pape, le socialisme, la démocratie*
LEVASSEUR. — *Histoire des classes ouvrières en France.*
LEWANDOWSKI. — *La question sociale à Rome du temps des Gracques.*
LIESSE (André) — *La question sociale.*
MAYER (S.-J.). — *La question ouvrière et les principes fondamentaux de la sociologie chrétienne.*
MIRVAUX. — *La question sociale.*
MOLINARI (de). — *Comment se résoudra la question sociale.*
MUN (comte de). — *Discours sur la question sociale.*
M. (P.-Ch.). — *Le droit social de l'Eglise et son application dans les circonstances actuelles.*
MAROUSSEN (Pierre de). — *La question ouvrière.*
MÉRIC. — *Les erreurs sociales.*
MODESTE Victor. — *Lettre au pape Léon XIII à propos de son encyclique sur la condition des ouvriers.*
MONTRY (A. de). — *Les questions sociales.*
MOREAU (Christ.). — *Problème de la misère chez les peuples anciens et modernes.*
NAUDET. — *Notre œuvre sociale.*
— *Propriété, capital et travail.*
OLLÉ-LAPRUNE. — *Le devoir d'agir.*
OTT. — *Traité d'économie politique.*
ŒUVRE DES CERCLES CATHOLIQUES. — *Questions sociales et ouvrières.*
PASCAL (abbé de). — *Philosophie morale sociale.*
PESCH (P.). — *Die sociale Frage*
— *L'Eglise et la civilisation.*
PÉRIN (Charles). — *Les lois de la société chrétienne.*
— *L'économie politique d'après l'Encyclique.*
— *Les doctrines économiques depuis un siècle.*
— *De la richesse dans les sociétés chrétiennes.*
PRINS. — *L'organisation de la liberté et le devoir social.*
PROUDHON. — *Solution des problèmes sociaux.*
RABBENO (Ugo). — *L'odierna crisi nella scienza economica.*
ROBERTI (de). — *De la sociologie.*
ROSTAND. — *Les questions d'économie sociale dans une grande ville populaire.*
ROYER Auguste. — *La question sociale à travers les âges.*
SABATIER (abbé). — *L'Eglise et le travail manuel.*
SANTAMARIA DE PARADÈS. — *El organismo social.*
SARDA Y SALVANI. — *Le mal social.*
SECRÉTAN. — *Etudes sociales.*
STEIN LUDWIG. — *La question sociale au point de vue philosophique.*

Théry (Gustave). — *Exploiteurs et salariés.*
Villars. — *Histoire du prolétariat ancien et moderne.*
Varlez. — *La crise économique.*
Vermeersch (S.-J.). — *Manuel social.*
Waldeck-Rousseau. — *Questions sociales.*
Walter. — *Das Eigenthum nach der Lehre des hl. Thomas von Aquin.*
Weiss (O.-P.). — *Social Frage.*
Wyzewa. — *Le mouvement socialiste en Europe; hommes et idées.*

Revues.

Association catholique.
Civilta catholica (Italie).
Conférences d'études de Notre-Dame de Haut-Mont.
Démocratie chrétienne.
Journal des économistes.
Justice sociale (la).
Lyceum (Irlande).
Monatschrist für Christliche Sozialreform (Autriche).
Quinzaine.
Rassegna sociale (Italie).
Réforme sociale.
Revue catholique des Institutions et du Droit.
Revue d'économie politique.
Revue socialiste.
Science sociale.
Sociologie catholique.
Stimmen aus Maria-Laach (Allemagne).
Worwaarts (organe socialiste allemand).

§ II.

Sur les Ecoles sociales.

Andler. — *La décomposition du marxisme.*
Antoine (S.-J.). — *Cours d'économie sociale.*
Auburtin. — *Le Play.*
Bastiat — *Examen critique et réfutation des doctrines Proudhon.*
Bénard. — *Le socialisme d'hier et celui d'aujourd'hui.*
Boilley. — *Les trois socialismes.*
Block. — *Les théoriciens du socialisme en Allemagne.*
Bouglé. — *Les sciences sociales en Allemagne.*
Boulard. — *Le socialisme intégral.*
Bousies (comte de). — *Le collectivisme et ses consé-ences.*
Blutschelli. *Théorie générale de l'Etat.*

BRANTO. — *Lois et méthodes.*
CHEYSSON. — *Frédéric Le Play ; l'homme, la méthode, la doctrine.*
CHIAUDANO (R.-P.). — *Democrazia cristiana e movimento cattolico.*
CLAUDIO JANET. — *L'école de Le Play.*
— *Le socialisme d'Etat et la réforme sociale.*
CLERC (Victor de). — *Les doctrines sociales catholiques depuis la Révolution jusqu'à nos jours.*
CORNELISSEN. — *En marche vers la société nouvelle.*
DELATOUR. — *Adam Smith, sa vie, ses travaux et ses doctrines.*
DELAIRE (Alexis) — *Le Play et la méthode d'observation.*
DENIS. — *Histoire des systèmes économiques et socialistes.*
DEVILLE (Gabriel). — *L'Etat et le socialisme.*
DUPARC. — *Le Play et les jugements de la presse.*
DUPONT WHITE. — *L'individu et l'Etat.*
ELY RICHARD. — *Le socialisme ; sa force, sa faiblesse.*
ENGELS (Frédéric). — *Origine de la famille.*
ESPINAS. — *Histoire des doctrines économiques.*
FÉLIX (S.-J). — *Christianisme et socialisme.*
FESCH (abbé). — *Une école sociale nouvelle.*
FOURNIÈRE (Eugène). — *L'idéalisme social.*
FUNCK-BRENTANO. — *Sophistes allemands et nihilistes russes.*
GAYRAUD (abbé). — *Les démocrates chrétiens.*
GUYOT (Yves). — *Quesnay et la physiocratie.*
GIDE (Charles). — *Quatre écoles d'économie sociale.*
HAUSSONVILLE (d'). — *Socialisme d'Etat et socialisme chrétien.*
HUBBARD (G.). — *Saint-Simon ; sa vie et ses travaux.*
HUBERT-VALLEROUX. — *Le socialisme en théorie et en pratique.*
JAURÈS (Jean). — *Organisation socialiste.*
— *Origine du socialisme allemand.*
JOLY (H.). — *Le socialisme chrétien.*
KOLB (P.). — *Conferenzen über die social Frage.*
LAVELEYE (de). — *Le socialisme contemporain.*
LAVERGNE (de).— *Les économistes français du XVIIIe siècle.*
LE COUR-GRANDMAISON. — *Le marquis de Ripon et les socialistes chrétiens d'Angleterre*
LEROY BEAULIEU. — *Le Collectivisme ; examen critique du nouveau socialisme.*
LE BON. — *Psychologie du socialisme.*
LEMIRE (abbé). — *Le cardinal Manning et son action sociale.*
LICHTEMBERGER. — *Le socialisme au XVIIIe siècle.*
LEVY (Albert). — *Le socialisme devant le bon sens.*
LIMOUSIN. — *Le fouriérisme.*

MALON (Benoit). — *Précis du socialisme.*
— *Le socialisme intégral.*
MARX (Karl). — *Le capital.*
MOLINARI (de). — *L'évolution économique au XIXe siècle.*
MAY. — *Le socialisme.*
NAUDET (abbé). — *La démocratie et les démocrates chrétiens.*
NAUDIER. — *Le socialisme et la révolution sociale.*
NETTI. — *Le socialisme catholique.*
NEYMACK. — *Turgot et ses doctrines.*
PACHTLER (S.-J.). — *Le but du socialisme et les idées libérales.*
PASSY (Frédéric). — *Quatre écoles d'économie politique.*
PÉRIN (Charles). — *Le socialisme chrétien.*
PESCH (S.-J.).— *Liberalismus, Socialismus und christliche Gesellschaftsordnunge.*
RAE. — *Il socialismo contemporaneo.*
RAFFALOWICH. — *Les socialistes allemands.*
RAMBAUD (Joseph). — *Eléments d'économie politique.*
REYBAUD. — *Etude sur les réformateurs contemporains ou socialistes modernes* (1840).
RIBBES (de). — *Le Play d'après sa correspondance.*
RIBOT (Paul). — *Exposé critique des doctrines de Le Play.*
SCHAEFFLE. — *Bau und Leben des socialen Körper.*
— *Quintessenz des Socialismus.*
SCHELLE. — *Dupont de Nemours et l'école physiocratique.*
SCHWALM (O.-P.). *Individualisme et solidarité.*
SCHULLER (Richard). — *Les économistes classiques et leurs adversaires.*
STECANELLA. — *Del communismo.*
SUDRE. — *Histoire du communisme.*
TABARAUT. — *Petit catéchisme socialiste.*
TOUPET — *Examen du socialisme.*
TURMANN (Max). — *Le mouvement social catholique depuis l'Encyclique : Rerum novarum.*
VIGNES. — *La science sociale d'après Le Play.*
VILLARD. — *Le socialisme moderne ; son dernier état.*
VILLEY (Edmond). — *Le socialisme contemporain.*
— *Fourier et son œuvre.*
VINCENT (P.). — *Socialismo y anarquismo.*
VON OVERBERGH. — *Caractères généraux du socialisme scientifique.*
WEILL (Georges). — *Un précurseur du socialisme : Saint-Simon.*
WINTERER (abbé). — *Le socialisme contemporain.*
WOLFF. — *Socialismus und Kapitalistiche Gesellschaftordnung.*

INTRODUCTION

A

L'ÉTUDE DE LA SOCIOLOGIE

PREMIÈRE PARTIE

LA QUESTION SOCIALE

I

Y A-T-IL UNE QUESTION SOCIALE ?

Non seulement il y a une « question sociale » ; mais c'est la grande question de l'heure présente, celle qui préoccupe tout le monde, législateurs et penseurs, hommes d'Etat et hommes d'Eglise, capitalistes et prolétaires. On entend sans cesse parler d'elle ; on la discute dans les assemblées délibérantes comme dans les réunions populaires, dans la chaire chrétienne comme dans la tribune politique, dans les ouvrages des économistes comme dans les écrits des révolutionnaires ; elle pèse d'un poids oppressant sur notre temps et sa solution constitue une des plus redoutables difficultés qui aient existé.

Toutes ces revendications du quatrième état qui se font jour ; toutes ces explosions de haine qui éclatent et se traduisent parfois par des soulèvements terribles et même des assassinats ; toutes ces grèves qui mettent aux prises patrons et ouvriers : toutes ces attaques violentes de journaux dont le nom seul est un programme ; cette apparition d'une députation socialiste qui proclame la nécessité et prépare les moyens d'un bouleversement complet de l'état social actuel ; ces grondements lointains de révolte et de colère provoqués par la misère ou les passions ; cette redoutable poussée du prolétariat puissamment organisé ; tout, jusqu'aux craintes du capitalisme et aux mesures de protection prises par les pouvoirs publics, montre que notre société se trouve dans une situation anormale, qu'elle traverse une crise inquiétante et qu'il est urgent, sinon de changer les bases mêmes de son organisation, au moins de porter de considérables améliorations au jeu de plusieurs de ses fonctions.

Les pièces qui composent l'édifice social au lieu de « se rapprocher et de s'ajuster » semblent se séparer, se repousser, s'exclure et menacent l'édifice d'une ruine prochaine. Il règne partout comme un immense malaise. Notre vieux monde a le sentiment de cette souffrance générale, il porte son attention sur ce qui va se passer et se demande avec angoisse quelle sera la solution de ce terrible problème qui touche à tant d'intérêts et qui se pose d'une façon tellement impérieuse et tellement pressante qu'il est impossible de l'éluder.

« Partout, dit Léon XIII, les esprits sont en suspens et dans une anxieuse attente, ce qui suffit à lui seul à prouver combien de graves intérêts sont ici engagés. Cette situation préoccupe et exerce à la fois le génie des doctes, la prudence des sages, les délibérations des réunions populaires, la perspicacité des législateurs et les conseils des gouvernants et il n'est pas de cause qui saisisse, à l'heure actuelle, l'esprit humain avec plus de véhémence (1) ».

Evidemment la question sociale n'est pas d'aujourd'hui seulement ; elle est presqu'aussi ancienne que le monde. Elle a été posée dès le jour où, les hommes étant réunis en société, il y a eu parmi eux des maîtres et des serviteurs, des riches et des pauvres. Nous le savons par l'histoire, elle a existé à Athènes, elle a existé à Rome (2), elle a existé chez nous au Moyen

(1) Encyclique : *Rerum novarum.*
(2) Il n'y a qu'à se rappeler ce qui se passa du temps des Gracques et à bien d'autres époques.

Age (1), elle a existé sous l'ancien régime, elle existera probablement toujours. Elle est de tous les temps et de tous les pays. Elle a préoccupé une foule d'esprits de l'antiquité comme elle préoccupe les hommes de notre époque et comme elle préoccupera ceux qui viendront après nous, mais jamais on n'a vu la crise aussi aiguë, aussi universelle, aussi menaçante, aussi prolongée.

Il s'abusait donc étrangement le tribun (2) qui disait assez dédaigneusement, il n'y a pas très longtemps encore : « Il n'y a pas de question sociale, il n'y a que des questions sociales ». Il y a aujourd'hui des questions de détail et des problèmes économiques ; mais il y a plus que des questions de détail, plus que de simples problèmes économiques, il y a une question capitale, un problème social dont l'étude s'impose et à la solution duquel on ne saurait apporter trop de soin. « Il faut, dit Léon XIII, par des mesures promptes et efficaces, venir en aide aux hommes des classes inférieures, attendu qu'ils sont, pour la plupart, dans une situation d'infortune et de misère imméritées (3) ».

(1) Le Moyen Age a eu ses grèves et ses soulèvements de paysans, mais ces faits furent rares et passagers : se rappeler ce qui se produisit lors de la Jacquerie, des Pastoureaux et des soulèvements de Bohême et de Souabe.

(2) Gambetta. — *Discours à la Chambre des Députés.*

(3) Encyclique *Rerum novarum.*

EN QUOI CONSISTE LA QUESTION SOCIALE

La société n'est pas un simple mécanisme, elle est un véritable organisme, un organisme vivant, un corps composé de membres divers qui doivent vivre entr'eux en bonne harmonie et se prêter un mutuel concours. Si, au lieu de s'entendre, d'agir en parfait accord, de se faciliter réciproquement l'exercice régulier de leurs fonctions ils se combattent et se gênent, il y a souffrance pour tous. Un malaise profond s'empare de l'organisme qu'il mine et désagrège promptement.

La société est formée de pauvres et de riches, de maîtres et de serviteurs, de patrons et d'ouvriers, tous ces éléments différents doivent, dans les vues de la Providence et pour le bien commun, garder entr'eux une coordination équitable, travailler dans l'union, et par une scrupuleuse pratique de tous les devoirs de la *justice* et de la *charité* coexister en paix et s'employer de concert à assurer la prospérité de tous.

Au lieu de cela, ceux qui possèdent et ceux qui ne possèdent rien se dressent en ennemis les uns en face des autres. L'antagonisme des classes prend des proportions tous les jours plus inquiétantes; la misère croît affreusement d'année en année; le respect du droit de propriété est ébranlé dans la conscience populaire et nous voyons de temps à autre, tantôt ici, tantôt là, se manifester les signes avant-coureurs d'un redoutable ébranlement.

Capital et Travail sont aux prises, riches et pauvres se traitent en adversaires. D'un côté, c'est une soif souvent démesurée d'accroître des biens déjà excessifs et un oubli presque complet des obligations que la fortune impose; de l'autre, ce sont des convoitises, des rivalités, des rancunes, des haines, de violentes attaques contre tous ceux qui possèdent en attendant le jour où on pourra les dépouiller.

Cette pauvreté et ces souffrances d'un grand nombre, ce malaise universel, cette hostilité sourde entre les membres d'un même corps, ces oublis trop fréquents des principes de l'équité, voilà ce qui constitue la crise sociale.

Une pareille situation a des *causes*, elle a des *effets*, elle doit avoir des *remèdes;* leur ensemble forme la *question sociale* (1).

(1) Voici quelques définitions de la question sociale empruntées à des hommes appartenant aux diverses écoles sociales.

1° *Ecole socialiste.* — « La question sociale, c'est la question de savoir si une classe sera indéfiniment exploitée par l'autre et si l'ouvrier est condamné ou non à rester jusqu'au bout, dans notre société vermoulue, un paria et un ilote. » Lassalle. — « La question sociale, c'est l'antagonisme irréconciliable entre les exploiteurs et les exploités. Etant donnés les monstrueux abus qui existent, il faut qu'une haine farouche sépare la classe ouvrière de la classe qui possède et que nous combattions jusqu'à l'écrasement de l'une ou de l'autre. » Bebel. — « La question sociale, c'est le prolétariat brisant ses chaînes et marchant à la conquête de ses droits. » J. Guesde. — « Savoir si et comment l'ouvrier pourra prendre, au soleil, la place qui lui revient, garder pour lui le bénéfice intégral de son travail et connaître de la vie autre chose que ses misères et ses privations, voilà la quintessence de la question sociale. » Benoit Malon. — « La question sociale est une question d'estomac. » Schaeffle.

2° *Ecole libérale.* — « La question sociale n'est que l'aspiration intense chez le travailleur contemporain vers une situation meilleure, plus assurée, plus respectée. » Leroy-Beaulieu. — « La question sociale consiste dans la recherche des moyens qui permettront à la classe ouvrière d'atteindre son plus grand développement et une participation proportionnelle aux biens matériels de la civilisation. » L. Brentano.

3° *Ecole catholique.* — « La question sociale est dans son essence la question de la subsistance des classes ouvrières. » Mgr Ketteler. — « Sous le nom de question sociale on cherche comment remédier aux nombreux maux économiques dont souffre la société contemporaine, comment rétablir un meilleur ordre social, c'est principalement une question de fortune et de revenu. » R. P. Cathrein.

La question *sociale* ne se confond pas absolument avec la question du *paupérisme*, ni même avec la question *ouvrière*. Elle embrasse davantage. Elle s'occupe non pas seulement de l'amélioration du sort des pauvres et de ceux qui vivent du travail de leurs bras ; mais elle s'occupe de toutes les classes de la société qui sont en souffrance. Elle s'occupe des petits employés, des petits agriculteurs, des petits commerçants, des petits fonctionnaires, des petits bourgeois, aussi bien que des ouvriers et des indigents. Cependant, comme la crise actuelle est, en très grande partie, causée par la misère de cette multitude d'hommes qui tirent du travail manuel tous leurs moyens d'existence, *en fait*, sinon *en droit*, on ne distingue guère la question *sociale* de la question *ouvrière*. Dans le langage ordinaire on prend couramment ces deux termes l'un pour l'autre et cependant la question ouvrière n'est qu'une partie, qu'un côté de la si complexe question sociale.

Etudier la question sociale ainsi réduite aux simples proportions de la question ouvrière, c'est étudier les causes qui ont produit la situation parfois déplorable du travailleur, donné naissance aux misères dont il souffre, engendré les injustices dont, dans certains cas, il a été victime et créé entre lui et le patron qui l'emploie un antagonisme profondément regrettable. C'est aussi rechercher les moyens d'améliorer le sort des ouvriers au double point de vue matériel et moral, de produire entre les classes un rapprochement dont elles bénéficieront toutes ; en un mot, d'assurer le respect de tous les droits par une observation plus scrupuleuse des principes de l'Evangile et des règles de la justice sociale (1). C'est enfin essayer de bien préciser les droits

(1) La Société peut être considérée *en elle même* ou dans *ses éléments*. — Considérée *en elle-même*, la Société est un tout moral dont les membres sont unis entre eux pour atteindre une même fin ; c'est une réunion d'hommes unissant, d'une manière permanente, leurs efforts pour obtenir par une action collective un bien commun. — Considérée dans *ses éléments* elle présente deux grandes catégories de membres : les riches et les pauvres, « les employeurs et les employés » ; les patrons et les ouvriers. — La Société a des obligations à l'égard de ses membres, les membres en ont à l'égard de la Société et à l'égard les uns des autres. A côté des devoirs chacun a des droits La Société a droit à ce que chacun de ses membres s'acquitte convenablement de

et les devoirs respectifs des patrons et des travailleurs. Dans une question aussi délicate il importe de ne pas parler que de devoirs aux uns et que de droits aux autres. Tous les droits étant également respectables, il faut tenir la balance égale entre les deux parties et ne pas oublier que si, dans la crise dont souffre la classe laborieuse, des responsabilités considérables incombent à l'état social et au Capital, le « Travail » a eu ses torts et n'est pas resté étranger à la production du malaise dont il se plaint. Trop souvent, comme on l'a vu dans les récentes grèves de Montceau, de Saint-Eloy,

ses devoirs, qu'il ne trouble pas l'ordre et la paix, ne lui rende pas trop difficile sa tâche et ne soit pas un obstacle au bien commun. — Le patron a droit à ce que l'ouvrier respecte les conventions librement et régulièrement consenties, lui donne un travail en rapport avec le salaire qu'il reçoit et s'interdise tout ce qui serait de nature à léser ses intérêts. — L'ouvrier a droit à l'existence ; droit à une équitable rémunération de son labeur ; droit à ne pas être écrasé par un travail excessif ; droit aux joies du foyer domestique ; droit à la liberté de conscience et par conséquent aux facilités nécessaires pour remplir ses devoirs religieux ; droit à ce que la femme et l'enfant ne soient pas dévorés par un labeur homicide ; droit à ce que la compagne de sa vie puisse s'acquitter de toutes ses obligations d'épouse et de mère ; droit à ce que l'innocence de sa fille soit respectée à l'atelier ; droit aussi de s'associer pour défendre ses intérêts

La *justice* prise dans son acception la plus large est une vertu qui nous fait respecter les droits des autres : *virtus qua unicuique jus suum tribuitur*. Elle exige que la Société et les divers membres qui la composent respectent mutuellement tous les droits les uns des autres et par là rendent possible le bon ordre, l'union, la paix et une prospérité au moins relative. Il y a donc une *justice sociale*.

On s'est demandé si la *justice sociale* formait une espèce à part ou si, au contraire, elle ne devait pas être ramenée aux espèces déjà classées. Les deux opinions ont leurs partisans. — Ceux qui penchent vers la dernière nous disent que la *justice distributive* suffit pour régler les devoirs de la société envers ses membres ; la *justice légale* pour régler les devoirs des membres envers la société ; la justice *commutative* enfin, pour régler les devoirs des membres entre eux. Il est donc inutile de recourir à une nouvelle espèce, dont personne n'avait parlé jusqu'à ces dernières années. — Les partisans de la thèse opposée reconnaissent, qu'à la rigueur, la *justice distributive* peut suffire pour régler les devoirs de la société envers ses membres et la *justice lé-*

de Chalon, de Marseille et d'ailleurs, les ouvriers poussés par des meneurs politiques ou entraînés par des intrigants, la plupart du temps gens sans grand aveu, ont, par leurs prétentions inadmissibles, leurs revendications exagérées, leurs procédés violents, presque sauvages, leurs atteintes à la liberté du travail et même à la propriété individuelle, leur oubli des sacrifices consentis par de nombreux patrons, compromis leur cause, porté une grave atteinte à l'industrie nationale et découragé une partie de ceux qui auraient voulu s'employer à l'amélioration de leur sort.

gale les devoirs des membres envers la société ; mais ils nient que la *justice commutative*, au moins telle qu'on l'entend généralement, suffise pour régler tous les devoirs des membres entre eux et protéger efficacement tous les droits.

La *justice commutative* ne s'applique qu'aux droits si nets, si rigoureux, si déterminés, si appréciables que l'observation puisse en être exigée devant les tribunaux et que la violation entraîne toujours l'obligation de restituer. Mais les patrons et surtout les ouvriers, en dehors de ces droits précis qu'ils peuvent revendiquer en justice, en ont d'autres qui, tout en étant réels et incontestables, ne sauraient s'estimer à prix d'argent et faire utilement l'objet d'une action judiciaire. Ces droits échappent à la justice commutative et cependant leur violation constitue une véritable injustice.

Le droit de toucher intégralement le salaire convenu est un droit qui relève de la justice commutative, mais le droit au repos du dimanche, mais le droit à la facilité d'accomplir ses devoirs religieux, mais le droit à la vie de famille, mais cent droits semblables qu'ont-ils bien de commun avec cette justice, si on la prend dans son acception classique ?

Celui qui oblige un facteur à travailler le dimanche, qui astreint un enfant à un labeur qui excède ses forces, qui met une femme dans l'impossibilité de remplir les devoirs que lui impose le mariage ou la maternité, celui-là viole des droits incontestables et sacrés, il va donc contre la justice, et cependant peut-on dire qu'il viole la justice commutative et soit tenu à une réparation pécuniaire ? Certainement non. Par conséquent, il faut ou reculer les limites de la justice commutative et lui assigner un objet plus étendu ou admettre qu'à côté d'elle, pour sauvegarder certains droits dont elle ne s'occupe pas, il y a place pour une autre justice ; qu'on l'appelle *justice sociale*, *équité naturelle* ou autrement, peu importe.

III

CAUSES DE LA CRISE SOCIALE ACTUELLE

Ces causes sont très nombreuses et très variées. Léon XIII énumère les principales à la première page de son Encyclique : *Sur la Condition des ouvriers* « La soif d'innovation, dit il, qui depuis longtemps s'est emparée des sociétés et les tient dans une agitation fiévreuse, devait tôt ou tard passer des régions de la politique dans la sphère voisine de l'économie sociale. Et, en effet, ces progrès incessants de l'industrie, ces routes nouvelles que les arts se sont ouvertes, l'altération des rapports entre les patrons et les ouvriers, l'affluence de la richesse dans les mains d'un petit nombre à côté de l'indigence de la multitude ; l'opinion enfin plus grande que les ouvriers ont conçue d'eux-mêmes et leur union plus compacte, tout cela, sans parler de la corruption des mœurs, a eu pour résultat final un redoutable conflit... Le dernier siècle a détruit, sans rien leur substituer, les corporations anciennes qui étaient pour les ouvriers une protection ; tout principe et tout sentiment religieux ont disparu des lois et des institutions publiques, et ainsi, peu à peu, les travailleurs isolés et sans défense se sont vus, avec le temps, livrés à la merci de maîtres inhumains et à la cupidité d'une concurrence effrénée. Une usure dévorante est venue ajouter encore au mal. Condamnée à plusieurs reprises par le jugement de l'Eglise, elle n'a cessé d'être pratiquée sous une autre forme par des hommes avides de gain. A tout cela il faut ajouter le monopole du travail et du commerce, devenu le partage d'un petit nombre de riches et d'opulents qui imposent ainsi un joug presque servile à l'infinie multitude des prolétaires ».

Ces causes si nombreuses, qui ont toutes contribué à créer le mal profond dont souffre notre société, peuvent être ramenées à trois catégories. Les unes sont d'ordre *religieux* ; — d'autres d'ordre *politique* ; — d'autres enfin d'ordre *économique*.

I. Causes d'ordre religieux.

Sans aller jusqu'à dire, avec Claudio Janet, que « par quelque côté qu'on étudie les phénomènes de notre temps, on en vient toujours à cette constatation, c'est que la question sociale est non pas une question d'organisation économique, mais une question religieuse (1) » ; on ne saurait contester que l'oubli des principes chrétiens et l'affaiblissement du sentiment religieux n'aient exercé une influence considérable sur la production de la crise actuelle. La religion en rappelant à chacun ses devoirs, en exigeant de tous le respect absolu des droits d'autrui a été, est encore et sera toujours la plus puissante digue qu'on puisse opposer à la cupidité des uns et aux convoitises des autres. Elle constitue le plus efficace facteur de la paix, de l'union, de la justice et de la prospérité sociales.

1° *Bienfaits de la religion au point de vue social.* — Aux époques de foi, la religion, usant de sa divine influence, prévenait une multitude d'abus qui, depuis, sont devenus si fréquents et ont amoncelé dans les cœurs tant de rancunes. Elle adoucissait ce qu'elle ne pouvait supprimer et mettait un baume salutaire jusque sur les plaies qu'il ne lui était pas possible de guérir complètement.

A chaque instant le *Patron* s'entendait répéter par elle que l'ouvrier est son frère ; que, comme lui, il est

(1) *Le socialisme d'Etat*, p. 532. — La question sociale est bien avant tout une question morale et religieuse comme le déclare Léon XIII, dans son encyclique du 18 janvier 1901, sur la Démocratie chrétienne, mais elle est aussi une question économique. Pour diminuer la crise, à l'action de la religion et de l'Eglise, d'autres facteurs doivent prêter leur concours, comme il est dit dans l'encyclique *Rerum novarum*.

homme, chrétien, fils du Père que nous avons tous au ciel, héritier des récompenses éternelles ; qu'il a sa dignité, qu'il a droit au respect et que ce n'est pas un simple instrument de production ; — que le riche doit au pauvre aide, assistance, protection, amour ; qu'il a, par rapport aux malheureux, de rigoureux devoirs de *justice* et de graves obligations de *charité* ; — que celui qui possède n'est plus libre de faire de ses biens et de ses revenus ce qu'il lui plaît ; qu'il est l'économe du bon Dieu et doit user de sa fortune conformément aux vues de la Providence.

Aux *Ouvriers* la religion apprenait : — le respect dû à l'autorité, en leur enseignant que les inégalités sociales sont voulues par Dieu et que tout pouvoir, que toute supériorité vient d'en-haut ; — la patience chrétienne, en leur montrant les avantages surnaturels de la privation et en faisant luire à leurs yeux les consolantes espérances de l'autre vie, de cette vie où la moindre de nos tribulations saintement supportée sera payée par un poids éternel de gloire ; — l'estime de leur état, en leur rappelant qu'un Dieu s'est fait ouvrier et pendant de longues années a vécu dans la pratique du rude métier de charpentier ; — l'amour de la tempérance, de l'ordre, du travail, de l'économie, des vertus de famille ; toutes choses qui servaient à assurer son bien-être matériel et à lui donner un bonheur relatif.

2º *Conséquences sociales de l'irréligion.* — L'irréligion a fait d'effrayants progrès. Au siècle dernier elle avait envahi les rangs de la classe dirigeante ; de notre temps elle a pénétré les masses populaires. Elle s'affiche triomphalement presque partout, les gouvernements la tolèrent quand ils ne la favorisent pas. L'athéisme d'Etat est érigé en dogme politique. La bienfaisante influence de la foi se fait de moins en moins sentir, même dans les milieux qu'on appelle encore chrétiens, et peu à peu, nous revenons aux hideuses mœurs du paganisme. — Oubliant les préceptes de l'Evangile le *Patron* ne voit trop souvent dans l'ouvrier qu'une machine qu'il utilise pour le mieux de ses intérêts (1), machine qu'il

(1) « Au point de vue économique, dit M. de Molinari, l'un des principaux représentants de l'économie libérale, les travailleurs doivent être considérés comme de véritables machines, ce sont des machines qui fournissent une certaine

apprécie en raison directe de la puissance de production qu'elle possède et qu'il paie au plus bas prix possible. Dans son cœur, la charité, la solidarité et la fraternité chrétiennes ont été, hélas ! fréquemment remplacées par la dureté, l'égoïsme et la cupidité. — L'*Ouvrier*, soustrait à toute action de la foi, ne voit plus dans le patron un père, un représentant de Dieu, un supérieur qui a droit à son affection et à son respect, il ne voit, la plupart du temps, en lui qu'un maître, qu'un exploiteur, qu'un adversaire. La religion n'est plus là pour murmurer à son oreille la vieille et douce chanson de la soumission chrétienne, de la résignation courageuse et méritoire, de la sainte espérance, qui endormait sa misère et calmait ses révoltes dans les jours mauvais. Elle n'est plus là pour comprimer ses appétits et imposer silence à ses colères; aussi, au lieu de l'union d'autrefois, c'est l'antagonisme; au lieu de la concorde, c'est la suspicion ; au lieu de l'entente et de la paix, c'est la rivalité et la guerre. Nous sommes loin de l'*herilis familia* qui s'épanouissait jadis sous la salutaire influence de la religion et constituait un principe précieux de bien-être social.

Il ne suffirait pas que le pays redevînt chrétien pour que la question sociale se trouvât résolue et toute misère supprimée par le fait même. Il y aurait encore des difficultés et des conflits d'intérêt, mais un grand pas serait fait vers la pacification. C'est par un retour sincère aux divins enseignements de l'Evangile que l'on assurera le respect de tous les droits et que l'on arrivera à rétablir la bonne harmonie entre les divers membres de la société. Ce retour ne guérira pas tout, mais il est nécessaire.

II. Causes politiques de la crise sociale

A la fin du siècle dernier s'est produit un événement d'une exceptionnelle gravité, il a eu un retentissement

quantité de forces productives et qui exigent, en retour, certains frais d'entretien et de renouvellement, pour pouvoir fonctionner d'une manière régulière et continue. » Peut-on lire sans une profonde émotion d'aussi attristantes paroles et ne pas s'étonner qu'on ose exposer une pareille doctrine ?

énorme et ses conséquences se font toujours sentir ; cet événement, c'est la Révolution française. Elle a été le point de départ de bouleversements profonds dans les idées comme dans les institutions ; à elle revient une large part de responsabilité dans la crise sociale que nous traversons.

Elle a jeté la perturbation dans les esprits, créé un besoin d'agitation dans les masses, allumé dans l'âme populaire une soif d'innovations qui « des régions de la politique n'a pas tardé à passer dans la sphère voisine de l'économie politique (1) ». — Elle a foulé aux pieds les droits acquis les plus incontestables et porté une grave atteinte à la propriété en confisquant, au profit de la nation, les biens de la noblesse et du clergé (2). — Elle a, sinon complètement éteint, au moins singulièrement amoindri le sentiment de respect pour l'autorité, en s'attaquant à tout ce qu'on était accoutumé à honorer jusque-là et en la persécutant sans pitié comme sans raison : elle fait monter le roi sur l'échafaud, elle guillotine ou déporte les prêtres et elle envoie à la mort une multitude de ceux qui avaient rempli les plus hautes fonctions de l'Etat. — Elle a supprimé toute hiérarchie et semé des idées d'égalitarisme que froisse toute supériorité sociale du patron. — Elle a suscité des ambitions et éveillé des appétits en répétant qu'une ère nou-

(1) Léon XIII. — Encyclique : *Rerum novarum*.

(2) Pour opérer ses spoliations la Révolution, substituée à l'ancienne monarchie, n'a eu qu'à tirer les conclusions des vieux principes régaliens sur les droits souverains du Roi sur tous les biens de son royaume. Ces principes, on les trouve affirmés par Louis XIV, dans ses *Instructions au Dauphin*, et par Louvois. dans son *Testament politique*.

Louis XIV disait : « Tout ce qui se trouve dans l'étendue de nos Etats, de quelque nature que ce soit, nous appartient au même titre... Vous devez donc être persuadé que les rois sont seigneurs absolus et ont naturellement la disposition pleine et libre de tous les biens qui sont possédés aussi bien par les gens d'Eglise que par les séculiers, pour en user en tout temps suivant le besoin général de leur Etat. »

« Sire, disait Louvois, tous vos sujets, quels qu'ils soient, vous doivent leurs biens, leur personne, leur sang, sans avoir droit d'en rien prétendre. En vous sacrifiant tout ce qu'ils ont, ils font leur devoir et ne vous donnent rien, puisque tout est à vous. » Doctrine dangereuse et fausse dont il est facile de voir les conséquences.

velle allait s'ouvrir, en proclamant le peuple souverain, et en lui laissant croire, qu'étant le nombre, il était la force, et qu'étant la force, il pouvait créer le droit. — Elle a établi une liberté exagérée non seulement de pensée, mais de presse et de parole et ainsi rendu possibles ces provocations quotidiennes et intéressées qui viennent jeter dans les masses l'inquiétude, le trouble, la défiance, les rancunes et les colères. — Elle a enfanté une législation déplorable. Le Code français qui est son œuvre, parce qu'il a été inspiré par ses principes, est tout imprégné des vieilles idées païennes et, malgré ses apparences démocratiques, est tout en faveur du riche et du fort contre le pauvre et le faible. « Son code de lois, dit Renan, semble avoir été fait pour un citoyen idéal naissant enfant trouvé et mourant célibataire. » — Sous prétexte de mettre fin à des abus et d'abolir des privilèges, elle a brisé le vieux régime corporatif qui, à côté de quelques inconvénients, offrait de si précieux avantages, surtout à l'ouvrier. Elle a inauguré le déplorable régime individualiste qui a isolé le travailleur et l'a livré sans défense entre les mains du patronat et du capital puissamment organisés (1). Par cette mesure malheureuse, elle a largement contribué à créer l'antago-

(1) « Ainsi, les ouvriers réduits à l'isolement et sans moyen de défense, sont devenus progressivement la proie de l'inhumanité des patrons et les victimes de la cupidité effrénée excitée par la concurrence. » LÉON XIII. — Encyclique : *Rerum novarum*.

Ce changement radical dans le régime du travail eut pour effet de faire disparaître la liberté du travailleur, que garantissaient les réglementations anciennes. Toute cette réglementation protectrice des paysans, des domestiques, des compagnons et des apprentis, fut mise de côté. Le « contrat libre » fut la seule loi des deux parties qui ne se trouvèrent plus dans les anciens rapports personnels de maître à serviteur, mais d'acheteur à vendeur de travail. Avec la liberté absolue du contrat l'employeur devient libre d'imposer au travail sur les conditions les plus dures, car « il constituait à lui seul une coalition, la coalition de son capital avec les besoins immédiats de l'ouvrier ».

D'ailleurs, tandis qu'il était loisible aux patrons qui voulaient se coaliser « de se réunir autour d'une tasse de thé », la loi mettait à la coalition des ouvriers, déjà si difficile à cause de leur nombre, toutes sortes d'entraves et de prohibitions.

nisme qui s'est élevé entre les diverses classes sociales (1). — Elle a supprimé les propriétés communales qui constituaient pour le pauvre un patrimoine précieux et inaliénable, elle a laissé se perdre les droits de vaine pâture, de glanage, de grapillage, de glandée et autres, dont un usage à peu près général avait, sous la douce influence de l'Eglise, grevé les biens des riches au profit des malheureux. — Elle a enfin, en sécularisant la charité et en faisant de l'assistance des indigents une sorte de service public, ouvert la porte à bien des gaspillages, partiellement tari la source qui alimentait « la caisse des pauvres » et découragé ces généreuses initiatives chrétiennes qui, pendant des siècles, n'avaient cessé de susciter de magnifiques œuvres de secours, de protection, de préservation et de relèvement. Elle a en outre singulièrement diminué le budget des malheureux lorsqu'elle a supprimé, sans rachat ni compensation, les dîmes qui constituaient une partie notable des ressources des hô-

(1) « On a dit : « Des classes, il n'y en a pas dans ce pays, la Révolution les a abolies ». Rien n'est, à mon avis, plus contraire à l'exactitude des faits. Ce que la Révolution française a détruit, ce sont les ordres et les privilèges qui leur appartenaient ; ce sont les corps organisés qui avaient dans l'État une place et des droits reconnus. Mais cela détruit, sans qu'aucune autre organisation nouvelle eût été substituée à l'ancienne, il est resté deux classes : les riches et les pauvres, ceux qui possèdent du superflu et ceux qui ne possèdent rien ou qui ne possèdent que le nécessaire. »

« Un historien, dont personne, parmi les admirateurs de la Révolution, ne conteste l'autorité, Edgar Quinet, le constate très nettement et marque à l'insurrection du 1er prairial la date précise à laquelle fut consommé le divorce entre les deux classes « nées, dit-il, de la Révolution ».

« C'est le fond même de la question sociale, et, à nos yeux, c'est le grand vice du régime révolutionnaire. On a proclamé qu'il n'y aurait plus de classes dans la nation, parce qu'on est parti du faux principe de l'égalité des conditions. C'est l'erreur fondamentale. Et, en effet, toutes les autres inégalités sociales ayant disparu, il n'en est resté qu'une, celle de la fortune ; mais le mal, c'est qu'on a laissé, sans organisation aucune, ces deux classes mises sans intermédiaires, l'une en face de l'autre ; on les a livrées à l'individualisme et à la liberté absolue, sans leur donner le moyen légal de faire valoir leurs droits ou de défendre leurs intérêts. » De Mun. — *Discours du 30 avril 1894, à la Chambre des Députés.*

pitaux, hospices et hôtels-Dieu (1), et en abolissant les monastères et les bénéfices dont l'excédent des revenus allait aux indigents. Les ecclésiastiques, réguliers ou séculiers, qui détenaient ces biens d'Eglise n'en étaient que les dispensateurs et la voix des Conciles venait souvent leur rappeler qu'ils ne les avaient que pour en faire un saint et charitable emploi (2).

III. — Causes économiques de la crise sociale.

Les causes d'ordre *économique* sont tout aussi nombreuses et tout aussi graves ; qu'il suffise d'indiquer les principales. Ce sont :

1° *L'extraordinaire développement qu'a pris le machinisme.* — L'emploi de la vapeur et de l'électricité comme forces motrices, l'invention d'appareils de production tous les jours plus nombreux et plus perfectionnés, ont révolutionné l'industrie et substitué presque partout le travail mécanique au travail musculaire. La machine, au lieu d'être l'auxiliaire, la servante et la *propriété* de l'ouvrier, n'est trop souvent pour lui qu'une maîtresse

(1) Une commission nommée dans le sein même de l'Assemblée Constituante constatait que, par l'abolition de la dîme, les hôpitaux et hospices avaient perdu plus du tiers de leur revenu, 10 330 000 livres sur 29 074 000.

(2) C'était une idée reçue par toute la chrétienté, que les biens affectés aux fondations religieuses avaient une destination charitable ; culte, instruction ou soulagement des pauvres, surtout ce dernier but, qui, d'ailleurs, souvent se confondait avec les autres. — On se fait fréquemment une idée très fausse de la bienfaisance que pratiquaient alors les bénéficiers et les ordres religieux. Avec les philosophes du siècle dernier et les écrivains de ce siècle-ci, on se figure que leur charité se réduisait à quelques distributions de soupe faites périodiquement aux portes du monastère et faites à tout venant, si bien qu'au lieu d'être utiles, ces charités ne faisaient qu'entretenir des paresseux. Rien n'est moins exact. Les religieux établis dans les campagnes, pour ne parler que d'eux, assistaient de toute manière les paysans qui les entouraient, principalement en fournissant, à l'occasion, des médicaments et des soins ; en leur prêtant des grains pour leurs semailles et des bestiaux pour leurs labours. On sait combien était large l'hospitalité qu'ils pratiquaient à l'égard des passants et toujours gratuitement. (G. GOYAU : *Rôle social du Monastère au Moyen-Age.*)

impitoyable et une rivale redoutable. Elle lui fait une concurrence terrible ; elle produit beaucoup et produit à bon compte. Il n'est pas possible de rivaliser avec elle. Autrefois, il fallait plus de vingt hommes pour faire manœuvrer un marteau-pilon, aujourd'hui un enfant le fait mouvoir en se jouant. Jadis, dans les filatures de coton, une bonne ouvrière à la main faisait tout au plus la moitié du travail d'une broche mécanique, aujourd'hui un ouvrier conduisant une renvideuse ou *self acting* dirige aisément cinq cents broches et fait ainsi le travail de mille bonnes ouvrières. Un homme avec deux chevaux et une bonne machine coupe à lui seul en une journée plus de blé que ne le feraient six moissonneurs en toute une semaine. Il en est de même pour une infinité d'autres travaux. La conséquence nécessaire de ce nouvel état de choses c'est l'avilissement des salaires et la multiplication des chômages (1). Moins d'ouvriers trouvent du travail, et ceux qui en trouvent sont moins bien rétribués, car l'offre des bras dépassant la demande, les patrons sont amenés à profiter de la concurrence que les travailleurs se font entre eux et à ne payer leurs services qu'à un prix peu élevé. — Le machinisme a eu encore pour effet de tuer les ateliers de famille et de rendre difficile la moyenne fabrication. Jusqu'à ce que la force motrice puisse être commodément divisée et distribuée à domicile pour y actionner de petites machines, il sera impossible de lutter contre les grandes usines et les grandes manufactures, si redoutablement outillées pour la production (2).

(1) Nous ne prétendons pas faire le procès des progrès qui ont été réalisés par l'industrie et nous plaindre de ce que les moyens de production ont été singulièrement perfectionnés. De pareils progrès sont susceptibles, pourvu que certaines conditions se trouvent réalisées, de tourner au profit des ouvriers. Nous entendons seulement faire remarquer que l'introduction d'un outillage très coûteux et très perfectionné a changé les bases de la production et opéré une révolu[illegible] dans le monde du travail. Le nombre d'ouvriers né[illegible]es pour construire, réparer, conduire ou alimenter ces machines, est de beaucoup inférieur à celui des ouvriers dont elles font l'ouvrage et qu'elles laissent sans travail.

(2) La machine exige l'usine ou la manufacture. En fournissant du travail à la femme et en l'attirant hors du foyer, elle a porté une gra[illegible]e atteinte à la famille ; en occupant

2° *La révolution qui s'est opérée dans les modes de transport.* — La vapeur a supprimé les distances. Il fallait autrefois des mois entiers pour traverser une mer et le voyage ne s'effectuait qu'au prix de bien des fatigues et au milieu de bien des dangers ; aujourd'hui, on va du Havre à New-York en huit jours, de Marseille à Sidney en moins de deux mois et la traversée se fait dans une

des jeunes filles, des enfants, des jeunes gens, en les jetant pêle-mêle dans des milieux peu surveillés, elle a contribué à amoindrir la moralité. Pour l'homme lui-même, la vie d'usine n'est pas sans de considérables inconvénients. « Le séjour prolongé dans une atmosphère chargée de poussière et de l'odeur nauséabonde de l'huile et de la graisse ; la chaleur intense en hiver comme en été, le bruit des machines ; la durée du travail souvent exagérée, tout cela rend insupportable le séjour à l'usine et favorise l'alcoolisme, l'immoralité et la débauche. »

« Le travail des machines exige, en général, plus d'agilité et d'attention que de force musculaire et d'apprentissage. Aussi, les femmes, les jeunes filles, les enfants peuvent, dans beaucoup de métiers, remplacer avantageusement les hommes, et, en tout cas, leur travail coûte moins cher. C'est ainsi que le travail des femmes et des enfants a pris une extension de plus en plus grande au détriment de la famille. Qu'arrive-t-il, en effet ? le salaire des hommes employés dans les métiers occupés par les femmes se trouve abaissé. L'ouvrière mariée ne peut remplir ses devoirs d'épouse et de mère. Les enfants, émancipés par le contact de l'usine, rendus indépendants par le salaire qu'ils touchent, se soustraient à l'autorité de leurs parents et à la discipline austère du foyer de famille. Les jeunes filles enfin sont exposées, de la part des contremaîtres ou des ouvriers à des périls de séduction faciles à comprendre. Que deviendra l'organisme social si l'élément fondamental, la famille ouvrière est aussi gravement atteint ? » P. ANTOINE. — *Cours d'économie sociale.*

La vie d'usine développée par le machinisme porte une atteinte grave à la famille, qui est la cellule mère de toute société.

« Plus de vie de famille, au moins dans un grand nombre de ménages. Le mari ne voit les siens que quelques instants. La femme est aussi absorbée par l'usine. Elle sait exécuter tous les détails d'un objet fabriqué, mais elle n'est plus capable d'être mère ni ménagère. Comme on l'a observé dans des centres industriels, elle ignore l'art d'emmailloter ses enfants. Elle est obligée de s'adresser à une main étrangère pour ravauder une paire de chaussettes. Les éléments les plus simples de l'art culinaire lui sont inconnus. Même la nuit, les nécessités du service l'appellent à la manufacture.

sécurité presque complète. Les relations entre les peuples les plus éloignés sont devenues faciles et fréquentes. Cette facilité a ouvert à l'industrie des débouchés nouveaux, mais a créé aussi d'inquiétantes concurrences; car si nous envoyons nos produits dans toutes les parties du monde, les produits des autres pays, — les produits de la Chine, de l'Inde, du Japon, de l'Amérique, — envahissent notre marché, menacent notre fabrication nationale et nous obligent à lutter dans des conditions très désavantageuses avec des peuples chez lesquels la main-d'œuvre se paie encore des prix dérisoires et la matière première ne coûte presque rien.

Une autre conséquence de l'ouverture de toutes ces voies nouvelles au commerce, c'est la surproduction. Lorsqu'elles n'existaient pas le fabricant ne travaillait que pour une clientèle restreinte, connue presque tout entière de lui et demeurant fidèle à sa maison. Il ne produisait généralement que sur commande reçue ou sur commande prévue et n'était point ainsi exposé à voir s'accumuler dans ses magasins des quantités de marchandise inécoulée. Le fabricant d'aujourd'hui travaille pour le grand marché; il ne traite pas directement avec le consommateur, il traite avec le gros commerce. Il lui est impossible de prévoir les besoins exacts et les fluctuations diverses d'un marché aussi étendu que le monde et il se laisse aller souvent à produire au-delà de ce qui lui sera demandé. Obligé ensuite de se débarrasser à tout prix du stock qu'il n'a pu placer, pour éviter une perte totale, il le jette sur le marché à des conditions aussi désastreuses pour l'industrie, que ruineuses pour lui. Une baisse notable sur tous les produits similaires en résulte à peu près fata-

Un industriel nous le disait : Malgré les précautions prises, le travail de nuit est une cause permanente de démoralisation. En effet, que devient le mari, que deviennent les enfants quand la mère n'est pas là ? Ils courent où ils veulent... Garçons et filles vont, aussitôt que la loi le permet, à la machine : elle ne dédaigne aucune force, si humble soit-elle. Ils font concurrence à leur père et à leurs grands frères. » Urb. Guérin.

Le nombre des ouvriers se trouvant sans travail, par le fait des machines, augmente sans cesse et arrive, principalement en Angleterre et en Amérique, à des proportions menaçantes.

lement, entraînant avec elle la perturbation des affaires et la ruine des particuliers.

3° *Le développement tous les jours plus considérable que prennent la grande industrie et le grand commerce.* — Avec le concours de gros capitaux on a monté des entreprises colossales, qui rendent toute concurrence impossible aux fortunes ordinaires et tuent le petit commerce. La production et la vente sont, tous les jours davantage, accaparées et comme monopolisées par de puissantes sociétés financières. — La *production* se concentre de plus en plus dans les grands ateliers. Grâce aux sommes énormes dont ils disposent, aux machines puissantes qu'ils emploient, aux procédés perfectionnés qu'ils exploitent, aux économies sur l'installation, l'entretien et surtout les frais généraux qu'ils opèrent (1), à la valeur professionnelle du haut personnel qu'ils ont à leur tête, ces ateliers arrivent à produire à des conditions et à pouvoir vendre à des prix auxquels ne sauraient arriver la petite et même la moyenne industrie, qui se trouvent ainsi condamnées à disparaître. A ces industries il ne restera bientôt que les travaux de réparation et d'entretien avec la seule confection des objets d'art, de fantaisie et autres qui, par leur nature, ne tombent guère dans la sphère de la division du travail et des machines. — La *vente* est, elle aussi, de plus en plus accaparée par de grandes entreprises. Dans les moindres villes, s'ouvrent d'immenses magasins, sortes de bazars universels, où l'on trouve à s'approvisionner de tout. Ils sont au petit commerce ce que les grandes manufactures sont à la petite industrie, une cause de ruine. Et pourtant le petit commerce et la petite industrie rendaient de précieux services. Ils faisaient vivre de nombreuses familles. Leur disparition progressive n'est pas étrangère, comme le déclare Léon XIII, au malaise dont souffre notre

(1) Pour une filature de 50 000 broches, il ne faut pas dix fois plus de terrain et de bâtiments que pour une de 5 000. — Une machine à vapeur de 200 chevaux est très loin de coûter dix fois autant qu'une machine de 20 chevaux. La première ne dépense pas dix fois autant de charbon que la seconde. — Un contremaître peut surveiller aussi facilement une vaste salle où travaillent quarante ouvriers qu'une salle plus petite où il n'y en a que vingt. — L'éclairage de cent personnes ne coûte pas deux fois ce que coûterait l'éclairage de cinquante seulement, et ainsi pour tout le reste.

société. «La production et le commerce sont devenus le partage de quelques-uns et ainsi un petit nombre d'hommes très riches font peser un joug presque servile sur la multitude des prolétaires. (1) »

4° *L'entrée en scène du capital anonyme et irresponsable.* — Au siècle dernier encore, les entreprises industrielles avaient un caractère essentiellement personnel. A la tête de chacune d'elles se trouvait un patron responsable. L'usine, la fabrique, la mine appartenait à un propriétaire qui la surveillait, la dirigeait et était en rapports continuels avec *ses* ouvriers. Ceux-ci avaient la facilité de l'approcher, de lui présenter leurs doléances, de faire appel à sa justice ou à sa bienfaisance. Ces relations quotidiennes, cette sorte de vie en commun permettaient de s'apprécier, de s'estimer réciproquement et de former dans l'union et la confiance une vraie « famille industrielle ». Le maître était amené à s'intéresser au sort de ses ouvriers, il les connaissait tous, la plupart avaient grandi à l'ombre de l'usine dans laquelle le père et le grand-père avaient travaillé. Parmi tout le personnel, surtout quand il était chrétien, régnait un véritable esprit de solidarité. — De notre temps la plus grande partie des entreprises industrielles se montent par actions et sont exploitées par des sociétés anonymes. La préoccupation principale et trop souvent unique de ceux qui ont lancé l'affaire, comme de ceux qui lui ont prêté leur concours financier, est d'arriver à de gros bénéfices. Ils n'ont aucun rapport avec l'ouvrier. Pour eux, il est surtout un instrument de production. Ils ne vivent pas avec lui, ils ne le connaissent pas, car ils laissent la direction de l'entreprise à des administrateurs, à des ingénieurs et à des contre-maîtres dont le premier souci est de faire régner une discipline rigoureuse, d'obtenir le maximum de travail et par là d'assurer aux actionnaires d'*honnêtes* dividendes. En face ne se trouvent plus des hommes pouvant s'expliquer et s'entendre, il n'y a en présence que deux abstractions ennemies, le capital et le travail, séparés l'un de l'autre par de profondes défiances et de regrettables rivalités. Dans de semblables conditions, il ne saurait exister de famille industrielle. « Il peut se trouver, disait, en 1885, le cardinal Simor, archevêque de Gran et primat de Hongrie, des patrons indus-

(1) Encyclique : *Rerum novarum.*

triels qui compatissent au sort misérable de leurs ouvriers ; mais en est-il ainsi avec les sociétés anonymes ?

5° *L'amour du luxe, le goût de la dépense et la soif de faire rapidement fortune.* — Rien de tout cela n'est nouveau ; de tout temps on a recherché le luxe, pratiqué la dépense et couru après la richesse, mais jamais le besoin de jouir et d'éblouir n'a été aussi insatiable et aussi général. Les fortunes les plus considérables, elles-mêmes, ne suffisent plus à faire face à ce que l'on s'est habitué à considérer comme des nécessités imposées par les usages, les relations ou la position sociale. Sous peine de voir ces fortunes s'effrondrer rapidement, il faut sans cesse se préoccuper de les accroître. De là est née la spéculation risquée et fiévreuse, cette grande plaie de notre époque. Pour pouvoir subvenir à toutes les « charges », on a recours aux jeux de bourse, aux entreprises hasardées, aux manœuvres d'agiotage et d'accaparement, aux lancements d'affaires, aux appels à la petite épargne que l'on drague, aux coalitions de capitaux ; et tout cela sans se préoccuper des ruines que l'on amoncelle et des indélicatesses que l'on commet.

Autrefois on employait une vie entière à s'assurer une modeste aisance. L'acquisition d'une fortune était l'œuvre de plusieurs générations. Aujourd'hui, où tout marche à la vapeur, il semble qu'on est incapable d'attendre, on a hâte d'arriver à la richesse. On a vu quelques spéculateurs heureux gagner en quelques années des sommes énormes, on veut marcher sur leurs traces, on tente de grandes entreprises, on se jette dans des opérations hardies et l'on aboutit la plupart du temps à un de ces cracks retentissants qui portent la désolation, la misère et le désespoir dans de nombreuses familles.

La petite épargne, jusqu'ici si rangée, si prudente, si économe s'est, elle aussi, laissée envahir par le goût de la spéculation et la soif de gros et rapides bénéfices. De là, l'engouement qu'elle manifeste pour les opérations à lots et la préférence qu'elle accorde trop souvent aux placements, qui lui promettent d'énormes dividendes et qui ne lui réservent que de douloureuses surprises. Obligée, elle aussi, à des dépenses considérables et ne voulant pas entamer son capital elle cherche à faire produire le plus possible à son argent, elle ne réussit qu'à devenir la proie d'hommes d'affaires peu délicats ou peu habiles qui l'exploitent et, au lieu du bien-être attendu, ne lui donnent que la pauvreté et la misère.

Dans notre société avide de jouissances, l'ouvrier n'a pas pu échapper à l'amour du luxe et au goût des dépenses. Il s'est créé des besoins à la satisfaction desquels les meilleurs salaires suffisent à peine. Il dévore au jour le jour le fruit de son travail et se trouve sans aucune réserve, lorsque viennent le chômage, la maladie, l'infirmité ou la vieillesse.

6° *L'omnipotence croissante de la haute banque.* — La haute banque a pris dans les affaires une place prépondérante, elle y est toute-puissante. Le marché financier se trouve entre les mains d'un petit nombre de richissimes capitalistes. Ils peuvent à leur gré produire la hausse ou la baisse sur presque toutes les valeurs, provoquer artificiellement de considérables variations de cours, pratiquer l'accaparement ou l'écrasement du marché (1), former de redoutables coalitions, ruiner d'un coup des milliers de familles (2), compromettre même la fortune et le crédit d'un peuple. Ils sont en quelque sorte les arbitres de toute grande entreprise. Il est à peu près impossible de se passer de leur concours ; on échouera infailliblement si on les a pour adversaires, et les gouvernements, eux-mêmes, sont obligés de compter avec eux. Un pareil état de choses constitue une cause perpétuelle d'insécurité, il livre l'épargne, sans défense, entre les mains de la finance cosmopolite et conduit à l'absorption progressive de la petite propriété par le haut capitalisme, contribuant ainsi à augmenter le nombre des pauvres, à diviser les hommes en

(1) En 1887, on a vu se former un syndicat tout puissant pour l'accaparement des cuivres. Il acheta, pour un certain temps, la production de toutes les mines du monde. Quand il se constitua, le cuivre valait 40 livres sterling la tonne, dans quelques mois il le fit monter à 100 livres. — D'autres sociétés composées de gros financiers, ont depuis, tenté d'accaparer le pétrole, le sulfate de cuivre et même le blé. Si toutes ces tentatives n'ont pas réussi, elles n'en sont pas moins une menace Des faits très graves d'accaparements ont été, ces jours derniers encore (22 mars 1901), signalés et flétris à la Chambre française.

(2) C'est ce qui se produisit lors de la campagne menée par la banque juive contre l'*Union générale*. Ce qui rend de pareils procédés, condamnés par la morale la plus élémentaire, plus graves et plus dangereux encore, c'est l'impossibilité où l'on est presque toujours de les connaître ou au moins de les prouver et de les faire punir. De pareils faits passent « à travers les mailles du Code ».

deux classes rivales, à élargir encore le fossé qui sépare ceux qui n'ont rien de ceux qui possèdent. Certaines fortunes ramassées en moins d'un siècle, se chiffrant déjà par des centaines de millions et allant tous les jours en s'accroissant, sont de nature à inspirer des craintes pour l'avenir et à ouvrir les yeux aux plus optimistes.

A cela il faut ajouter « l'usure vorace », comme l'appelle Léon XIII ; elle est pratiquée, de nos jours, sous les formes les plus variées, formes allant depuis la contrefaçon de la charité jusqu'au vol à peine dissimulé. Elle dévore le patrimoine du pauvre que la nécessité oblige à emprunter, elle est la ruine des petits fermiers et des petits propriétaires de nos campagnes comme des petits commerçants et des petits industriels de nos villes.

7° *La prédominance des idées « manchestériennes » et des théories païennes de l'Ecole libérale.* — En vulgarisant le « libre échange » les Economistes classiques ont imprimé un grand essor au commerce, mais ils ont ouvert la voie à la concurrence étrangère et obligé le travail national à lutter dans des conditions très désavantageuses contre la production du dehors. A eux incombe en très grande partie la responsabilité de la crise agricole et de plusieurs crises industrielles. Les blés de l'Inde et de l'Amérique, remis dans nos ports (1), reviennent à des prix auxquels ne peut descendre le paysan français grevé d'impôts et contraint de payer fort cher les ouvriers agricoles. — L'industrie de la soie, autrefois si prospère dans notre pays, est actuellement en décadence à cause de la concurrence que lui font, non seulement l'Italie et la Suisse, mais la Chine et le Japon. Les producteurs du midi et les tisseurs lyonnais ne peuvent lutter avantageusement avec leurs rivaux étrangers, ils sont écrasés par leurs prix (2).

(1) Les blés de Chicago reviennent, au Havre, à 18 francs les 100 kilogrammes, soit 16 fr. 80 l'hectolitre. Dans le Kansas, le prix s'abaisse jusqu'à 7 fr. 25, ce qui, avec le port, le met à 13 fr. 02 rendu au Havre. Dans l'Inde, la moyenne du salaire du journalier agricole ne dépasse pas 60 centimes, le terrain est très fertile, le climat très favorable à la culture du froment, il n'est pas surprenant que ses blés ne reviennent pas, à Marseille, à plus de 13 francs, les années ordinaires. Le cultivateur français ne peut soutenir une pareille concurrence. En France, le sol est moins fertile, les salaires sont très élevés et les charges fiscales (transmissions, impositions, droits divers) très lourdes.

(2) L'étranger s'est procuré nos métiers, il a fait venir,

En préconisant la liberté à outrance dans les rapports entre patrons et ouvriers, en rejetant toute intervention protectrice de l'Etat, en rendant impossible toute coalition et toute association des travailleurs, les tenants du « chacun pour soi » ont placé l'ouvrier dans un réel état d'infériorité et l'ont mis en quelque sorte à la merci du patron. Celui-ci, n'ayant en face de lui qu'un individu isolé, sans ressource, sans défense et pressé par le besoin de travailler, de subvenir à ses besoins et à ceux de sa famille, peut lui dicter ses conditions et appliquer, dans toute sa sauvage rigueur, au travail humain la trop fameuse loi de l'offre et de la demande. Le triomphe des idées individualistes a été une des grandes causes des injustices dont le prolétariat a eu à souffrir et des abus dont se sont rendus coupables certains membres du patronat (2).

En soutenant le droit absolu de propriété, en professant que celui qui possède peut user et abuser de son bien, qu'il est libre de le dépenser à sa guise et de le gaspiller à son gré, pourvu qu'il n'aille pas jusqu'à des actes prohibés par les « lois et règlements », en proclamant que la fortune a avant tout un caractère de jouissance personnelle, en contestant la plupart des charges qui la grèvent et des devoirs qui l'accompagnent, les Economistes libéraux ont amené une réaction violente

en les payant très cher, de nos meilleurs ouvriers, il s'est familiarisé avec nos procédés de fabrication les plus perfectionnés et aujourd'hui, au lieu de s'approvisionner chez nous, il inonde notre marché de ses produits. Ne payant la main-d'œuvre que des prix dérisoires — (un tisseur chinois très habile ne touche pas 1 franc par jour) — il peut livrer sur nos places ses tissus à des conditions désastreuses pour notre industrie nationale.

(2) Le patron est riche, il a des ouvriers à discrétion, l'offre des bras dépassant de beaucoup la demande, il peut, à la rigueur, suspendre momentanément le travail, ses ressources le lui permettent, il lui est aisé de s'entendre avec les autres chefs d'industrie similaire et d'arrêter avec eux des tarifs ; l'ouvrier est sans avances, il faut à tout prix qu'il travaille, le chômage est pour lui la misère et la misère immédiate ; jusqu'en 1884, il ne lui était pas possible de se syndiquer utilement ; la situation des deux contractants dans le contrat de louage était donc absolument inégale. La *liberté* des classiques n'a été et ne sera jamais qu'un leurre pour l'ouvrier, c'est la liberté « de mourir de faim », comme l'appelle Manning.

et fourni des armes aux socialistes dont ils légitimaient ainsi partiellement les violentes attaques contre la propriété. Comme le fait éloquemment remarquer Ketteler, c'est du droit faux de propriété qu'est née la fausse théorie du collectivisme (1).

A toutes ces causes économiques déjà si nombreuses et si graves du malaise social, il faudrait ajouter encore *l'insécurité de l'ouvrier*. — L'ouvrier n'est jamais sûr du lendemain, il est continuellement dans une incertitude pleine d'angoisse qui lui pèse et l'aigrit. A chaque instant peut survenir la mise à pied, le chômage, les accidents, la maladie avec tout ce qu'ils entraînent de privations et de souffrances. En temps ordinaire, même lorsqu'il a un bon métier, il gagne à peine de quoi faire face aux charges de famille. S'il a femme et enfants, il lui est difficile de prélever sur son salaire quotidien une petite réserve pour les jours mauvais de la vieillesse et de l'invalidité, et alors il se demande avec une douloureuse inquiétude ce qu'il deviendra, ce que deviendront les siens s'il vient à ne pouvoir plus travailler. C'est la gêne et peut-être la misère noire continuellement en perspective. — On a multiplié, de nos jours, les assurances et les autres mesures de prévoyance, malgré cela on n'est pas encore arrivé à garantir efficacement la famille ouvrière contre les surprises du chômage et de la maladie, ni à assurer au travailleur une vieillesse tranquille à l'abri du besoin. « Cette incertitude du lendemain, dit Ketteler, est pour l'homme obligé de vivre au jour le jour la plus lancinante des obsessions et le plus oppressant des cauchemars. Il évite de fixer son regard sur l'avenir pour s'empêcher de pleurer ou se soustraire à la tentation de devenir mauvais » (2)

(1) « Mais ce qu'il importe de redire aujourd'hui plus hautement que jamais, c'est que le socialisme est né des abus engendrés par le régime de l'économie matérialiste et les doctrines posées, il y a un siècle, par ses fondateurs.

« Oui, quel que soit votre étonnement, il faut que vous entendiez ! Le socialisme est le fils de l'économie libérale, le fruit du régime qui a prévalu pendant tout ce siècle, aussi bien sous les autres gouvernements que sous la République. Ce n'est pas un régime politique ; c'est un régime social, qui s'appuie tout entier sur les maximes de l'Encyclopédie, sur la doctrine de Rousseau et de Diderot... » DE MUN. — *Discours du 30 avril 1894, à la Chambre des Députés.*

(2) KETTELER : *Discours du 25 juillet 1869.*

IV

GRAVITÉ DE LA QUESTION SOCIALE

Nous disions au début de cette étude que la « question sociale » est la grande question de l'heure actuelle, celle qui préoccupe tout le monde, législateurs et économistes, hommes d'Etat et hommes d'Eglise, capitalistes et prolétaires. Elle apparait grave entre toutes, quand on considère soit le nombre de ceux qu'elle concerne, soit les intérêts qu'elle met en cause, soit les questions auxquelles elle se lie, soit les difficultés qu'elle présente, soit les conséquences qu'elle fait craindre, soit enfin l'urgence qu'il y a à lui donner une solution.

1° *La question sociale est grave en raison du nombre de ceux qu'elle concerne et aussi de leur condition.* — Elle intéresse d'une manière spéciale les pauvres, les ouvriers des villes, les travailleurs des campagnes, « cette multitude presqu'infinie de prolétaires dont la plupart sont réduits à une situation d'infortune et de misère imméritée (1) » ; elle intéresse encore les paysans, les petits commerçants, les modestes employés, en un mot, tout ce qui travaille, souffre et est déshérité ; elle intéresse aussi les patrons et les riches, dont la situation est en jeu, et l'on peut dire qu'il n'y a absolument personne que la question sociale ne concerne de près ou de loin, directement ou indirectement. Mais ne concernerait-elle que la classe laborieuse, ce serait plus que suffisant pour lui donner une importance capitale, car

(1) Léon XIII. — Encyclique : *Rerum novarum*.

peut-on imaginer une classe plus nombreuse et plus intéressante ?

2° *La question sociale est grave en raison des intérêts qu'elle met en cause.* — Elle met en cause les intérêts les plus chers de l'ouvrier : sa dignité, son indépendance, son bien-être, ses droits d'homme, de citoyen, d'époux, de père et même de chrétien, la tranquillité et le bonheur de son foyer, le bien-être de sa famille, l'avenir de ses enfants et le repos de ses vieux jours. — Elle met en cause les intérêts les plus graves du patronat dont la fortune, la situation et les droits risquent de sombrer dans une conflagration des classes. Le capital a peut-être plus de raisons encore que le travail de souhaiter la fin d'une crise qui, dans le passé, lui a causé des préjudices considérables et qui le menace pour l'avenir sinon de l'expropriation sans compensation au moins de la guerre sans merci. — Elle met en cause enfin les intérêts vitaux de la société, sa conservation, l'union et la paix entre les divers éléments qui la composent, l'ordre, la sécurité, le bien public, la prospérité générale. — « On peut juger de l'importance des intérêts qui se trouvent engagés dans ce problème par l'attente anxieuse dont il est l'objet (1). »

3° *La question sociale est grave en raison des questions auxquelles elle se lie.* — Elle touche aux plus hautes questions morales, économiques, politiques et même religieuses. Ce n'est pas un simple problème de production ou de consommation qui se pose, ce n'est plus une crise industrielle partielle qui se produit, c'est l'existence même de la *société*, de la *famille*, de la *propriété* et peut-être de la *religion* qui est en jeu.

Deux partis sont en présence et l'on se demande : à quand la rupture définitive, la lutte acharnée et la victoire du plus fort ? « L'antagonisme est irréconciliable, disait Bebel, il faut qu'une haine farouche sépare la classe ouvrière de la classe capitaliste et que nous combattions jusqu'à l'écrasement complet de l'une ou de l'autre ». Si cette conflagration terrible venait à se produire, un de ses premiers résultats serait la ruine des institutions les plus nécessaires et les plus saintes.

4° *La question sociale est grave en raison des difficultés de solution qu'elle présente.* — « Le problème, dit Léon

(1) Léon XIII. — Encyclique : *Rerum novarum*.

XIII, n'est pas aisé à résoudre, ni exempt de danger. Il est difficile, en effet, de préciser avec justesse les droits et les devoirs réciproques des riches et des prolétaires, des capitalistes et des travailleurs. Ce qui rend le problème encore plus périlleux, c'est qu'il est exploité par des hommes de désordre et de mauvaise foi, habiles à obscurcir la vérité et à exciter les foules à la révolte (1) ». Les causes qui ont produit la crise sociale sont si nombreuses, si complexes, si délicates, le mal est si ancien et si enraciné, les intérêts engagés si opposés, l'antagonisme si profond, les défiances si vives, les manœuvres des meneurs et des politiciens si multiples, les préventions du prolétariat si grandes et ses exigences si exagérées, les errements du patronat si malaisés à redresser, les droits et les devoirs respectifs de chacun si difficiles à préciser, qu'on se demande avec angoisse comment un pareil problème pourra être résolu. Il faudrait une entente internationale et une refonte presque complète de notre organisation économique, et de l'avis des plus optimistes eux-mêmes, ni cette entente, ni cette refonte ne sont choses aisées.

5° *La question sociale est grave enfin en raison du péril qu'il y a à différer la solution.* — Chaque jour rend les rapports plus tendus entre les diverses classes de la société. Les esprits s'aigrissent, les rivalités s'accentuent, les haines se développent, les revendications deviennent plus impérieuses, les soulèvements populaires se multiplient, les partis se montrent plus intransigeants, l'abîme se creuse davantage entre capital et travail ; « il faut, par des mesures promptes et efficaces », essayer d'améliorer la situation, elle ne saurait se prolonger impunément. Les hommes attentifs sont effrayés du progrès que fait quotidiennement le mal. « Que chacun se mette à l'œuvre, dit Léon XIII, et cela sans délai, de peur qu'en différant le remède, on ne rende incurable un mal déjà si grand » (2).

(1) Encyclique : *Rerum novarum*
(2) *Ibid.*, *ibid*

V

L'ÉGLISE ET LA QUESTION SOCIALE

La fin de l'Eglise est d'assurer le bien spirituel de ses membres ; c'est le but que lui a assigné son divin fondateur et la sanctification des âmes a été sa constante préoccupation. Mais tout en s'acquittant, avec un zèle admirable, de sa surnaturelle mission, elle n'est restée étrangère à aucune des grandes questions qui se sont débattues autour d'elle ; surtout lorsque ces questions touchaient aux intérêts vitaux de ses enfants ou avaient des rapports avec le dépôt religieux dont la garde lui a été confiée. C'était son droit et même son devoir.

1° *L'Eglise s'est, de tout temps, préoccupée de la question sociale.* — La démonstration a été trop souvent faite pour qu'il soit nécessaire de la recommencer. Qu'il suffise de rappeler rapidement quelques-uns des actes de l'Eglise. Elle établit, dès sa naissance, des diacres pour s'occuper des pauvres et des veuves ; elle encourage les dépouillements volontaires de ses enfants en faveur de la communauté ; elle tire la femme de son avilissement, elle réhabilite l'esclave et apprend à voir en lui autre chose qu'un être de rapport. — Elle prépare lentement, dirige et mène à bonne fin la suppression de l'esclavage, suppression qui constitue bien la plus étonnante révolution sociale qui se soit jamais produite (1). Lors de l'in-

(1) La Société antique reposait sur l'esclavage. A Sparte, pour 30 000 hommes libres, il y avait près de 300 000 ilotes ; à Rome, sur plusieurs millions d'âmes, il y avait à peine

vasion des barbares, elle sauve l'Occident d'une ruine totale. Elle se jette entre les vainqueurs et les vaincus en la personne de ses papes et de ses évêques, qui se lèvent partout pour défendre leurs peuples. Elle s'empare des envahisseurs sauvages qui ont fondu sur le vieux monde, les instruit, les civilise, les mêle peu à peu à la race conquise et résout ainsi une des plus redoutables crises qui aient jamais existé. — A l'antique droit romain si dur, elle substitue insensiblement un droit nouveau inspiré par l'Evangile et infiniment plus libéral, plus équitable, plus pitoyable aux petits. — Durant tout le Moyen-Age elle pénètre la société de son action bienfaisante, elle prend sans cesse en mains la défense des intérêts du serf et du manant contre les exactions du rude baron féodal. Ses conciles fulminent continuellement des peines sévères contre les oppresseurs du faible. — Pour mettre fin aux guerres civiles, qui étaient si fréquentes et si funestes, elle impose la Trêve de Dieu et encourage le Tiers-Ordre de Saint-François dont les membres s'engagent à ne porter les armes que pour la défense de la patrie. — Elle favorise de tout son pouvoir l'émancipation des masses populaires en prêtant un concours précieux au mouvement de l'affranchissement des communes. — Elle institue la chevalerie, dont les membres font serment de défendre en toute circonstance la veuve, l'orphelin et le pauvre. — Elle établit les Confréries, qui deviendront le point de départ de ces corporations qui ont joué un si grand rôle dans le passé. — Elle lutte pendant des siècles contre l'usure, et si elle n'arrive pas à la supprimer complètement, par ses lois contre le prêt à intérêt elle empêche un grand nombre d'abus. — Elle ne craint pas de frapper de ses censures les rois eux-mêmes, lorsqu'ils se permettent de porter atteinte au titre des monnaies. — Pour soustraire les pauvres à la rapacité des usuriers, elle fonde les monts-de-piété. — Pour conserver à la famille un

400 000 citoyens libres. L'esclave n'était pas considéré comme une *personne*, mais comme *une chose* (*res, non persona*); on le croyait d'une nature inférieure et avec le philosophe on pensait que Jupiter lui avait refusé l'étincelle de l'intelligence. L'Eglise a montré aux riches, dans ces êtres si méprisés, des hommes et des frères, elle a courageusement affirmé l'égalité de tous devant Dieu, le père commun, et a proclamé avec saint Paul « qu'il n'y a plus de différence entre l'esclave et l'homme libre ».

abri, elle déclare, dans de nombreux pays, insaisissables la chaumière de l'artisan et les instruments de travail dont il a besoin pour vivre. — Elle multiplie les institutions charitables, elle couvre le sol d'asiles où viennent s'abriter la vieillesse, l'indigence, la maladie, le repentir, la faiblesse. toutes les misères et tous les besoins de la vie. — Elle intervient dans toutes les grandes circonstances historiques, se mêle à tous les événements intéressant l'humanité, plaide la cause de toutes les infortunes, flétrit tous les abus et se montre toujours le champion courageux de la justice et du droit.

2° *L'Eglise a le droit de s'occuper de la question sociale.* — Cette question intéresse l'immense majorité de ses enfants, peut-on trouver étrange qu'elle ne reste pas indifférente en face d'un problème dont la prompte solution importe tant au bien-être de ses fils, surtout des pauvres et des déshérités pour lesquels elle a toujours éprouvé une prédilection spéciale ? — La question sociale n'est pas une question purement théorique et spéculative, elle est essentiellement une question pratique, est-il surprenant que l'Eglise songe à élever sa voix pour rappeler à ses membres, — patrons et ouvriers — leurs devoirs réciproques, les limites de leurs droits et les règles dont ils doivent s'inspirer dans leurs mutuels rapports ? — La question sociale est une question d'une gravité capitale. Elle est pleine, nous l'avons vu, de difficultés et de périls. Elle menace d'aboutir à un bouleversement terrible après une guerre sans merci. Peut-on faire un crime à l'Eglise d'essayer de mettre la grande influence qu'elle possède et la haute autorité dont elle dispose au service de l'ordre, de la justice, de l'union et de l'apaisement ? Des écoles sociales attaquent l'Eglise ; lui contestera-t-on le droit de se défendre et d'accepter la lutte sur le terrain même où se placent ses adversaires ? Non, on ne le peut pas raisonnablement.

3° *L'Eglise a le devoir de s'occuper de la question sociale.* — Léon XIII le déclare formellement. « Après avoir précédemment pourvu à la défense de l'Eglise et au bien général, par les Lettres que nous vous avons adressées sur la souveraineté politique, la liberté humaine, la constitution chrétienne des Etats et d'autres questions du même ordre, en vue de réfuter les opinions erronées du temps présent, Nous avons résolu pour des motifs semblables d'aborder, aujourd'hui, la question de la condition des ouvriers. Plus d'une fois déjà, Nous y avons touché en passant. Aujourd'hui la *conscience de notre charge apostolique nous fait un devoir* de la traiter explicitement et à fond, afin de mettre en lumière les principes d'une solution conforme à la vérité et à la justice... Nous abordons ce sujet avec une pleine confiance en notre droit (1) ».

Sous des noms divers, avec des formules différentes, des moyens d'action variés, légaux ou révolutionnaires, dissimulés ou affichés au grand jour, le Socialisme veut détruire la propriété, désorganiser la famille, anéantir la religion, supprimer l'autorité et bouleverser la société; « or, comme c'est à l'Eglise qu'a été confiée principalement la défense de ces institutions, elle ne peut se tenir à l'écart sans paraître déserter son devoir (2) ». — La question sociale est au moins autant une question morale qu'une question économique. « C'est l'opinion de quelques-uns, dit Léon XIII, opinion qui se répand dans le public, que la *question sociale*, comme ils disent, est seulement une question *économique*, quand, au contraire, il est certain qu'elle est avant tout une question *morale* et religieuse et qu'elle doit être surtout tranchée d'après la règle des mœurs et le jugement de la religion. Lors même, en effet, qu'on doublerait le salaire des ouvriers, qu'on établirait une proportion entre le temps et l'ouvrage, si l'ouvrier, comme il en a l'habitude, prête l'oreille à des doctrines et s'inspire d'exemples qui poussent au mépris de la divinité et à la dépravation des mœurs, il est fatal que son travail et son avoir s'évanouissent (3). » La question sociale relève donc de l'Eglise, qui a reçu la mission d'enseigner aux hommes ce qu'ils doivent faire, comme ce qu'ils doivent croire. — Les efforts réunis de tous ne sont pas de trop pour enlever à la crise sociale une partie de sa douloureuse acuité, on ne comprendrait pas que l'Eglise s'abstînt et refusât son concours à une œuvre si éminemment utile. Il faut qu'elle s'occupe de la question sociale; sa mission, son intérêt, ses traditions, son cœur et les circonstances lui en font un impérieux devoir.

4° *L'Eglise peut seule donner à la question sociale une*

(1) Encyclique : *Rerum novarum.*
(2) *Ibid.*
(3) Encyclique du 18 janvier 1901 sur la *Démocratie chrétienne.*

solution pratique. — Non seulement l'Eglise a le droit et le devoir de s'occuper de la question sociale, mais encore son action est indispensable. « Il n'y a plus que l'Evangile, disait Taine, pour nous retenir sur notre pente natale, pour enrayer le glissement insensible par lequel, incessamment et de tout son poids, notre race rétrograde vers les bas-fonds. » C'est sur le seul retour aux principes de l'Evangile que l'on peut fonder quelque espérance d'entente et d'apaisement. « Le problème qui s'agite, dit de son côté Léon XIII, est de telle nature que, à moins de faire appel et à la Religion et à l'Eglise, il est impossible de lui trouver une solution efficace... C'est l'Eglise, en effet, qui puise dans l'Evangile des doctrines capables soit d'empêcher le conflit d'éclater, soit au moins de l'adoucir en lui enlevant tout ce qu'il a d'âpreté et d'aigreur ; l'Eglise, qui ne se contente pas d'éclairer l'esprit par ses enseignements, mais qui encore s'efforce de régler en conséquence la vie et les mœurs de chacun ; l'Eglise qui, par une foule d'institutions éminemment bienfaisantes, tend à améliorer le sort des prolétaires ; l'Eglise, qui ne cesse de vouloir et de procurer que toutes les classes mettent en commun leurs lumières et leurs forces, afin de donner à la question ouvrière la meilleure solution possible ; l'Eglise, enfin, qui estime que les lois et l'autorité publique doivent, avec mesure sans doute et sagesse, apporter à cette solution leur part de concours (1). »

(1) Léon XIII. — Encyclique : *Rerum novarum*.

« Où est, sur la terre, la puissance assez fortement constituée à mettre en parallèle avec celle de l'Eglise ? Aujourd'hui comme hier, n'est-ce pas la seule qui, à l'organisation internationale du socialisme, puisse opposer une organisation aussi vaste ? Et ce n'est pas sa moindre supériorité. Qui possède au même degré le zèle de l'apôtre et sait goûter, comme ses fils et ses filles, les béatitudes du renoncement ? Qui, surtout, a, comme elle, la foi qui fait braver non seulement le froid et le chaud, la fatigue et la soif, mais ce qui arrête souvent les plus braves d'entre nous, le ridicule. »

« Aux maux des sociétés modernes où donc est le remède et quel sera le médecin ? Le remède, répond le Pape, l'Eglise le possède ; le médecin, le seul qui nous puisse guérir, c'est le Christ. Il sait l'huile qui adoucit les plaies, le baume qui cicatrise les blessures. Allez à lui et vous serez guéri. Le Christ seul est capable de vous rendre la paix

Nous reconnaissons volontiers que si l'intervention de l'Eglise est nécessaire, elle n'est pas suffisante pour une prompte solution de la question sociale. Il faut lui adjoindre le concours d'autres agents sociaux. L'Etat, les patrons, les ouvriers eux-mêmes, doivent contribuer à cette œuvre, chacun dans la sphère de son action et la mesure de ses moyens. C'est ce que déclare Léon XIII lorsqu'il dit : « Assurément, une œuvre de cette gravité demande encore à d'autres agents leur part d'activité et d'efforts ; nous voulons parler des gouvernants, des riches et des maîtres ; des ouvriers aussi, dont le sort est ici en jeu. Mais ce que nous affirmons sans hésitation, c'est l'inanité de leur action en dehors de l'Eglise (1) ».

et de faire régner parmi vous la justice, car, seul, il en connaît les lois. Les questions sociales qui vous tourmentent, riches et pauvres, effrayant les uns et irritant les autres, vous ne sauriez leur trouver de solution en dehors de Dieu et de la religion. Sans Dieu, tous les efforts des hommes sont vains : *inania conata hominum.* » Anatole LEROY-BEAULIEU. — *La Papauté.*

Le livre de M. Anat. LEROY-BEAULIEU : *La Papauté, le Socialisme* et *la Démocratie*, contient de très belles pages sur cette question, il est à lire en entier. Lire aussi, *l'Eglise et la civilisation*, de LÉON XIII, pendant qu'il n'était encore qu'archevêque de Pérouse.

(1) « Encyclique : *Rerum novarum.* « Une erreur très accréditée dans le monde des travailleurs et habilement exploitée par les apôtres du socialisme, c'est de prétendre que l'action de l'Eglise et du catholicisme dans la question sociale se borne à prêcher la charité aux patrons, la résignation aux prolétaires et la vie éternelle aux uns et aux autres. Tel n'est pas le sentiment de Léon XIII. Dans l'encyclique *Rerum novarum*, il affirme que l'Eglise ne néglige pas ce qui a rapport à la vie terrestre des ouvriers ; qu'elle favorise la prospérité temporelle des travailleurs, indirectement, en promouvant les bonnes mœurs, la tempérance et l'épargne ; directement, par d'innombrables institutions destinées à soulager toutes les misères du corps et de l'âme. Il nous montre l'exemple des premiers chrétiens, le patrimoine de l'Eglise au service des malheureux, le dévouement des religieux prodigué aux petits et aux faibles. Il condamne enfin la charité légale en tant qu'elle se substitue à la charité chrétienne. En lisant cet émouvant tableau, on est forcé d'avouer que la sollicitude de l'Eglise pour le bien matériel de ses enfants souffrants est celle de la plus tendre des mères. » P. ANTOINE. — *Cours d'économie sociale.*

IV

LE CLERGÉ ET LA QUESTION SOCIALE

Le prêtre doit-il s'occuper lui-même de la question sociale ou est-il préférable qu'il laisse à des laïques croyants le soin de faire prévaloir les idées de l'Église et de continuer ses traditions? La réponse est déjà toute donnée dans ce qui vient d'être dit ; pourtant très nombreux sont ceux qui soutiennent que le clergé devrait, sinon se désintéresser des problèmes qui se posent autour de lui, au moins ne les suivre que de loin et laisser à d'autres le souci et la responsabilité de la solution à y apporter. Parmi ceux qui repoussent toute ingérence du prêtre en ces matières, — les uns le font par haine, prévention ou défiance de tout ce qui est clérical, — d'autres par crainte de l'influence que pourrait prendre le clergé et des résultats heureux qu'aurait son intervention ; — d'autres parce que ces questions sont, d'après eux, des questions anormales auxquelles n'ont rien à voir ni la théologie ni les théologiens ; — d'autres enfin par peur que le prêtre ne cède aux entraînements de son cœur, fasse une place trop large au sentiment, manque de l'expérience des affaires nécessaire et compromette, en se jetant dans la mêlée, son prestige et de sa dignité. Aucune de ces raisons n'est décisive. Le clergé, au contraire, a de nombreux motifs d'étudier les questions sociales ; mais il doit apporter à cette étude une grande prudence et ne prendre pour guides que des maîtres absolument sûrs.

1° *Le prêtre doit étudier les questions sociales.* — En le faisant : a) *Il se conforme à la volonté, souvent exprimée, du Souverain Pontife.* Léon XIII ne s'est pas borné à donner personnellement l'exemple de ces études, en maintes reprises il a rappelé au clergé ce que les circonstances actuelles demandent de lui et il a insisté pour que, dans les programmes des séminaires, une place convenable soit faite à la théologie sociale.

b) *Il revient aux vraies traditions de l'Eglise*, traditions presqu'oubliées sous l'absolutisme royal et le règne du libéralisme naturaliste. Nos grands théologiens ont touché à toutes les questions économiques posées de leur temps, comme le montre V. Brants dans son beau livre : *Esquisse des théories économiques professées par les écrivains des* XIII*e et* XIV*e siècles*. Le clergé s'est autrefois beaucoup occupé de tout ce qui concernait le bien-être des classes laborieuses, et rien peut-être n'a contribué davantage à lui assurer la popularité et l'influence dont il a longtemps joui. Que n'ont pas écrit les Pères et que n'ont pas fait les Ordres religieux !

c) *Il se met en état de s'acquitter d'un devoir grave de sa charge*. Nous avons déjà dit que la question sociale n'est pas une question purement spéculative, elle est avant tout pratique ; elle relève, sur beaucoup de points, de la morale. Le prêtre devant apprendre à chacun ses devoirs, ne saurait le faire d'une manière suffisante, au moins dans les milieux industriels, s'il ignore complètement les obligations et les droits respectifs des diverses catégories de personnes confiées à ses soins.

d) *Il apporte à la solution du problème des lumières et un esprit de paix souverainement utiles*. Par ses études théologiques, par sa connaissance des vérités révélées, par son caractère et ses fonctions, par sa situation, qui le met personnellement hors de cause, il se trouve tout indiqué pour jouer un rôle pondérateur. Il est plus désigné que qui que ce soit pour intervenir entre les partis et faire entendre des paroles de sagesse, de modération, de justice et de paix.

e) *Il honore son ministère*. Il prouve que le clergé, aujourd'hui comme autrefois, sait être de son temps, qu'il ne néglige aucun des problèmes de son époque et que, par conséquent, on le calomnie, quand on le traite d'ignorant et d'arriéré.

f) *Il conquiert des sympathies*. Il se donne des droits à l'affection et à la reconnaissance des classes laborieuses en leur montrant qu'il s'intéresse à des questions qui les touchent de si près, que leur bien-être lui tient à cœur et qu'il est heureux de contribuer, dans la mesure de ses moyens, à améliorer leur situation matérielle.

Le besoin de ces études n'est pas égal pour tous les prêtres ; plusieurs pourraient sans inconvénient se dispenser de les faire, mais il serait désirable que, sans donner aux questions sociales une importance exagérée, l'élite au moins du clergé s'initiât à des problèmes qui tourmentent notre siècle et dont la solution ne peut être donnée sans l'Eglise. Tout en laissant à la théologie, à l'Ecriture sainte, à la philosophie la première place, place qui leur revient de droit et qu'il faut leur conserver aujourd'hui plus que jamais, car jamais autant qu'aujourd'hui une forte éducation philosophique et théologique ne fut nécessaire, il est possible d'acquérir des connaissances qui honoreront notre ministère et pourront contribuer à la fécondité de notre apostolat.

2° *Le prêtre doit apporter à l'étude des questions sociales une grande prudence.* — Ces questions sont très complexes et fort délicates. Des intérêts opposés sont en jeu, les droits des diverses classes semblent se combattre, ces droits sont également respectables, il faut veiller à n'en léser aucun. Par conséquent, le prêtre doit éviter de se laisser séduire par de généreuses utopies et de céder à des entraînements regrettables. Il faut étudier ces difficiles problèmes avec le cœur, mais il faut les étudier aussi et surtout avec la raison ; il faut apporter à ce travail du calme, de la réflexion, de la science et pas seulement du sentiment ; il faut enfin se souvenir qu'en matière aussi peu aisée à dominer, il est bon de ne pas avoir l'affirmation trop facile et le jugement trop prompt. De longues études et de sérieuses réflexions sont indispensables, la question a des points de vue si nombreux et elle touche à tant d'intérêts différents !

Les prêtres plus encore que les simples fidèles doivent se rappeler les instructions si sages qu'a données Léon XIII. « Il faut s'abstenir de tous les sujets de discussion qui blessent et éloignent les esprits. Que dans les publications périodiques et dans les discours populaires on se taise donc sur les questions plutôt subtiles qui sont, pour la plupart, sans utilité. Ces questions difficiles à résoudre exigent, pour être comprises, de grandes aptitudes et demandent une attention peu commune. Certes, c'est chose humaine d'hésiter et de douter sur les points incertains et il est permis d'avoir des opinions différentes sur diverses questions, mais il convient que ceux qui cherchent avec ardeur la vérité, dans les questions encore controversées, gardent vis-à-vis les uns des autres le calme, la modestie et les égards, afin que la dissidence des opinions n'entraîne pas la dissidence des volontés. Quelle que soit d'ailleurs l'opinion que l'on embrasse dans les questions où le doute est possible, que l'on soit toujours dans la disposition d'être religieusement attentif aux enseignements de ses supérieurs ecclésiastiques (1) ».

3° *Dans l'étude des questions sociales le prêtre ne doit prendre pour guides que des maîtres absolument sûrs.* — Ces maîtres sont : l'Evangile ; — les Actes du Saint-Siège, surtout l'Encyclique *Rerum novarum* que l'on a, avec raison, appelée la « charte des ouvriers ; » — les écrits des grands théologiens ; — les livres récents qui jouissent d'une réputation méritée de modération, de science, de sagesse et d'entière conformité aux enseignements de Léon XIII. Ces livres ne sont pas très nombreux, mais il en existe pourtant et le prêtre qui, aujourd'hui, désire s'initier aux questions sociales n'est plus obligé d'aller glaner dans toutes sortes d'ouvrages les éléments de la science qu'il veut acquérir. Plus heureux que ses devanciers, il possède des traités qui lui facilitent le travail et des Revues qui lui fournissent de très intéressantes études.

Ainsi s'inspirant d'une doctrine sûre, se tenant dans une entière soumission à ses supérieurs, ne procédant qu'avec prudence et circonspection, le prêtre pourra utilement, dans certains cas, s'occuper des questions si délicates qui agitent notre temps. D'un côté, il évitera ces exagérations et ces écarts regrettables qui compromettent les meilleures causes ; de l'autre, obéissant aux directions pontificales, il prêtera un concours qui a bien son prix à l'œuvre d'apaisement et d'union qui s'impose aux soins de tous. « La situation actuelle nous crie et nous crie vivement qu'il est indispensable d'opposer à l'audace de certains esprits toutes nos forces réunies. Certes, elle est assez étendue la perspective des misères qui sont devant nos yeux, elles sont assez redoutables les menaces de perturbations funestes que nous préparent les socialistes. Dans les ténèbres de leurs conventicules secrets comme en plein jour, par la parole comme par les écrits, ils poussent la multitude à la ré-

(1) Encyclique sur la *Démocratie chrétienne.*

bellion. Ayant secoué le joug de la religion, ils méprisent les devoirs et ne réclament que les droits. Ils font appel aux foules des malheureux de plus en plus nombreux et que les nécessités de la vie rendent plus accessibles à leurs promesses mensongères et à leurs erreurs.

« Il y va du salut de la société comme de la religion : sauvegarder l'honneur de l'une et de l'autre, *ce doit être le devoir sacré de tous les gens de bien.*

« Combien il est opportun d'aller au peuple, de s'employer à son bien, suivant le temps et les circonstances, il Nous a paru bon souvent de l'affirmer dans nos entretiens avec les membres du clergé. Plus souvent encore dans nos lettres aux évêques et aux autres hommes de l'ordre ecclésiastique, Nous avons loué ce souci plein d'amour pour la classe populaire et Nous avons dit qu'il doit se trouver dans les clercs tant réguliers que séculiers. Cependant qu'ils s'appliquent à rendre ces bons offices avec prudence et précaution à l'exemple des saints. — François, ce pauvre et cet humble ; Vincent de Paul, ce père des infortunés ; plusieurs autres, dont tous se souviennent dans l'Eglise, ont concilié leurs soins dévoués pour le peuple, avec le souci de n'être jamais distraits ni répandus au dehors plus qu'il ne convenait, occupés toujours, avec la même ardeur, à travailler à leur perfection personnelle (1). »

(1) Encyclique du 18 janvier 1901 sur la *Démocratie chrétienne*.

DEUXIÈME PARTIE

LES ECOLES SOCIALES

Tout le monde est d'accord pour reconnaître que la société souffre d'un mal profond et pour avouer qu'il est nécessaire d'apporter à ce mal un prompt remède; mais l'accord cesse quand il faut préciser la nature du mal et surtout déterminer les remèdes à employer pour le guérir. De nombreuses Ecoles se sont formées, préconisant des procédés différents et même contradictoires; chacune a les siens. Toutes ces écoles, — dont les unes ne se distinguent des autres que par des nuances, tandis que d'autres sont séparées par des abîmes, — peuvent se ramener à trois types, qui se subdivisent en une infinité de variétés. Ces types sont :

L'école *libérale.*
L'école *socialiste.*
L'école *catholique.*

A propos de chacune de ces écoles nous donnerons un résumé rapide de ses doctrines et un court abrégé de son histoire.

I

ÉCOLE LIBÉRALE

I. Résumé des Doctrines.

1° *L'école libérale et sa conception du rôle de la liberté en économie politique.* — L'école libérale (1) est ainsi appelée parce qu'elle préconise avant tout la liberté, elle la considère comme la règle et le remède de tout, et la réclame sans entraves dans l'ordre économique et l'ordre social aussi bien que dans l'ordre politique (2). Son évangile, suivant l'expression

(1) Elle est aussi appelée école *classique*, parce que pendant longtemps les chaires publiques ont été toutes occupées par des hommes imbus de ses doctrines. Jusqu'à ces dernières années, elles ont été enseignées dans la plupart des écoles de droit et d'économie politique.

(2) « Les sociétés sont régies par des lois naturelles aussi bonnes qu'inéluctables. Laissez donc les individus faire à leur guise : mus par l'égoïsme, mobile excellent, puisqu'il est le principe de leur conservation, ils chercheront ce qui doit leur procurer la plus grande somme de bien-être et de bonheur, et sauront trouver, pour l'atteindre, la voie la plus sûre et la plus courte. Mais il faut leur accorder la plus grande liberté. Pas de prescriptions, pas d'entraves, pas de tutelle d'aucune sorte. Supprimez simplement tous les obstacles, et l'ordre véritable s'établira dans le monde.

« La concurrence universelle et sans restriction fera parvenir chaque individu à la place qui lui convient le mieux et lui fera obtenir la juste rétribution de ses travaux. Que l'Etat s'interdise toute intervention dans les transactions

d'un de ses représentants les plus autorisés, M. de Molinari, se résume en quatre mots : *laisser faire, laisser passer* (1). Elle demande : — la liberté d'échange, c'est-à-dire le droit d'exporter et d'importer sans avoir à compter avec des droits d'entrée et des tarifs de prohibition ; — la liberté de travail, c'est-à-dire la faculté pour chacun (homme, femme, enfant) de travailler comme il veut, autant qu'il veut, là où il veut et aux conditions qu'il veut, pourvu qu'il trouve quelqu'un qui consente à l'employer ; — la liberté de contrat, c'est-à-dire la liberté pour le patron de débattre, avec l'ouvrier seul, la question du travail à fournir et du salaire à toucher ; — la liberté de concurrence, c'est-à-dire la liberté de produire le plus qu'on peut au meilleur marché possible, de vendre aux conditions les plus avantageuses, de ne s'occuper avant tout que de son propre intérêt. La concurrence est le meilleur des stimulants ; elle est l'âme du commerce et la garantie du public ; — la liberté de la jouissance, c'est-à-dire le droit de se permettre toutes les satisfactions, sans tenir compte du besoin des autres et de ne s'arrêter que lorsqu'on arrive à ce qui est formellement défendu par la loi. Adam Smith, le grand Pontife de l'école libérale, pose comme mobile unique de l'activité économique, l'intérêt. Il défend la thèse de la morale utilitaire fondée sur les avantages personnels et tendant uniquement à la recherche du bien-être temporel et de la richesse, dans tout ce qui ne nuit pas à la liberté d'autrui.

Les libéraux réprouvent tout droit de douane, toute prohibition d'importation, toute règlementation légale du travail, toute fixation de salaire minimum, toute intervention de l'Etat dans les rapports entre patrons et ouvriers, toute mesure pour régulariser la production et mettre des bornes à la concurrence, toute pression sur le capital ou le travail, toute limite mise au droit de propriété, toute restriction, en un mot, apportée à la

humaines ; qu'il laisse liberté entière à la propriété, au capital, au travail, aux échanges, aux vocations et la production de la richesse sera portée au comble, et ainsi le bienêtre deviendra aussi grand que possible. Le législateur n'a pas à s'occuper de la distribution de la richesse, elle se fera conformément aux lois naturelles et aux libres conventions. » LEROY-BEAULIEU. — *Précis d'économie politique*

(1) L'aphorisme est de de Gournay.

liberté individuelle. « En écartant, dit Smith, tous les systèmes d'entraves et de préférences, relativement à l'emploi des forces productives, le système simple et facile de la liberté naturelle se présente de lui-même et se trouve tout établi ; tout homme, tant qu'il n'enfreint pas la loi de justice, demeure en pleine liberté de suivre la route que lui montre son intérêt (1) ».

2° *L'école libérale et l'Etat.* — Pour les libéraux, le rôle de l'Etat se borne à trois choses : assurer l'exécution des contrats consentis entre particuliers ; faire respecter la liberté individuelle ; procurer la sécurité de tous par des lois de police et d'hygiène. L'Etat n'est plus que *juge* et *gendarme*. Dans cette conception aucune place n'est laissée à la sauvegarde des intérêts supérieurs de la morale et à la protection des faibles. — Les lois, elles-mêmes, ne doivent avoir d'autre objet que d'assurer les conditions nécessaires à la libre expansion de la vie sociale.

3° *L'école libérale et l'ouvrier.* — Sous prétexte de respecter la liberté, elle livre sans défense le pauvre et le faible entre les mains du puissant et du riche, elle laisse la liberté aller jusqu'à la licence, elle ouvre ainsi la porte aux abus les plus monstrueux. L'ouvrier ne peut efficacement défendre ses intérêts et ses droits, en face d'un patronat tout-puissant, qu'à la condition ou d'être protégé par l'Etat ou de se protéger lui-même en s'organisant en corporation et l'école libérale ne veut ni d'intervention du pouvoir, ni de groupement professionnel. Une de ses maximes favorites est : *chacun pour soi.* L'individu doit être laissé à lui-même, avec la seule liberté de s'arranger comme il l'entendra, comme il le pourra. Aussi qu'est devenu le travailleur sous un pareil régime ? « Il est seul ; il a un nom nouveau : c'est le prolétaire, jeté sur le marché comme une denrée dont le salaire est le prix, livré à la loi brutale de l'offre et de la demande, qui saisit, qui domine le patron comme lui et les place l'un en présence de l'autre, sans autre lien qu'un accord passager, que l'un ou l'autre peut rompre, du jour au lendemain, au mieux de ses intérêts » (2).

4° *L'école libérale et le régime économique actuel.* — La société, telle qu'elle existe, ayant été organisée d'après les principes de l'école libérale, les libéraux

(1) Adam SMITH. — *Recherches sur la nature et les causes de la richesse des nations*, t. II, l. IV.

(2) KETTELER : *Discours du 3 décembre 1848.*

déclarent, d'une voix unanime, qu'elle n'a nul besoin de transformation. Le régime actuel, s'il n'est pas absolument parfait, est, au moins, de tous les régimes possibles le plus naturel, le plus pratique, le plus avantageux. On doit donc considérer comme de dangereux utopistes, non seulement ceux qui songent à le renverser, mais encore ceux qui pensent à le modifier d'une manière un peu notable. Rien de ce qu'on mettrait à sa place ne le vaudrait, les efforts de tous les hommes sages doivent tendre à l'affermir. Il n'est pas arrivé à faire disparaître toute misère, il a cependant singulièrement accru le bien-être général et il est appelé, lorsque ses principes seront plus connus et plus intégralement appliqués, à rendre à l'humanité des services plus considérables encore.

5° *L'école libérale et l'existence d'un mal social.* — Les économistes libéraux ne peuvent pas nier la réalité d'une crise et l'existence de tout mal social, mais ils contestent absolument que les maux dont on se plaint soient aussi nombreux et aussi graves qu'on se plaît à le dire. D'après eux, — beaucoup de ces plaintes sont sans fondement, elles ne reposent sur rien ; — d'autres sont singulièrement exagérées ; — d'autres ne sont point raisonnables, quoique les maux qui les provoquent soient véritables. Ces maux, en effet, ne sont pas imputables au régime ; ils existeraient et plus considérables encore avec toute autre organisation sociale, ce sont des maux en quelque sorte nécessaires. Il y en a eu toujours dans le passé et il y en aura toujours dans l'avenir ; — d'autres enfin sont fondées, mais pour leur donner satisfaction il n'est nullement besoin de détruire « la machine sociale » et de la remplacer par une autre. Il suffit de toucher très légèrement à quelques uns de ses rouages.

6° *L'école libérale et son remède au mal social.* — Les libéraux attendent tout de la liberté, c'est elle qui constitue le grand, l'on pourrait dire l'*unique remède* efficace aux maux réels dont souffre la société. « Le plus sûr moyen, dit Frédéric Passy, de résoudre la question sociale, c'est de laisser le champ libre à la liberté qui est, je le répète avec Bastiat, notre moteur, notre propulseur, notre rémunérateur, notre vengeur (1). » M. Arthur Desjardins exprime la même idée lorsqu'il

(1) *Quatre écoles d'économie politique*, p. 232.

écrit : « Le plus simple et le plus sage est de laisser à la liberté le soin de corriger les maux de la liberté (1). » C'est en passant par la liberté absolue que l'on arrivera peu à peu à la justice si ardemment désirée ; « la justice, en effet, en matière économique ressort de l'action libre de l'offre et de la demande (2). » « Hors de la liberté, dit Bastiat, point de force, point de justice, point de grandeur, voilà ce qui résume l'économie politique dans sa forme la plus concise (3). » L'homme est bon par nature, ce sont les institutions qui l'ont gâté. Qu'on le débarrasse donc de toute entrave, qu'on proclame la liberté absolue et le bien-être règnera sur la terre ; le monde marchera vers un progrès ininterrompu, car l'*individualité* est le ressort du progrès. En laissant les individus aux prises les uns avec les autres, la société ne déchaîne pas la guerre, mais elle établit l'harmonie (4).

(1) *Revue des Deux-Mondes*, 1894, t. CXXI, p. 57.
(2) Joseph Garnier. — *Traité d'économie politique*, p. 665.
(3) Bastiat. — *Harmonies économiques*, p. 175.
(4) C'est une erreur de penser, comme le font les libéraux, que l'initiative individuelle laissée à elle-même soit le grand moyen de résoudre la crise sociale ; c'est une erreur plus grande encore de croire que cette initiative, dans ce qu'elle a de bon, soit incompatible avec l'organisation corporative et une prudente intervention du pouvoir civil dans l'ordre économique. La Révolution, qui est, en toutes choses, l'antagoniste du christianisme, livre les faibles aux plus forts sous prétexte de liberté individuelle et d'émancipation de toutes les forces productives. Elle a pu faire croire un instant que cette émancipation, qu'elle prétend opérer sous la loi de l'intérêt individuel, réalise la libre expansion du bien en économie politique. Mais l'expérience n'a pas tardé à montrer qu'il y a à distinguer entre les libertés qu'on nous vante et qu'en fait de liberté économique, comme en toute chose, il ne faut pas empiéter sur les droits imprescriptibles de la justice et de la morale. « Ce principe, dit le P. Liberatore, que l'homme est à lui-même sa propre loi, appliqué à l'économie politique, amène nécessairement la collision des intérêts privés et, par suite, la victoire des plus forts. Et parce que, en économie politique, les plus forts sont les plus riches, il faut que tous les autres se plient sous le joug de ceux-là. C'est bien le despotisme de la richesse, la tyrannie de l'argent. »

II. Aperçu historique.

1° *Période de début ; les Physiocrates.* — Les premiers ancêtres de nos libéraux sont les Physiocrates (1), économistes du XVIIIe siècle. Parmi eux, les plus illustres furent le docteur *Quesnay*, médecin de Louis XV et auteur de la *Physiocratie* ; *Dupont de Nemours*, qui publia les œuvres de Quesnay ; *de Gournay*, pendant plusieurs années intendant du commerce ; l'abbé *Boudeau*, l'abbé *Morellet*, le marquis de *Mirabeau*, surnommé l'ami des hommes, *Mercier de la Rivière* et le ministre *Turgot*. Ils s'inspirèrent des fausses idées philosophiques de leur temps et les premiers firent entrer l'économie politique dans la voie scientifique. D'après eux, il existe un ordre naturel des sociétés humaines qu'il suffit de reconnaître et de suivre. L'organisation économique doit résulter du concours naturel des choses, non de l'intervention arbitraire du pouvoir. Pour que l'agriculture et l'industrie soient prospères, disaient Quesnay et Gournay, il n'y a qu'à *laisser faire et à laisser passer*, et leurs disciples ajoutaient : il ne faut ni prohibitions, ni douanes, mais une liberté universelle de commerce. Par l'ensemble de leur doctrine les Physiocrates ont imprimé à l'économie politique une direction fausse et dangereuse : ils l'ont engagée dans un utilitarisme et un libéralisme dont les conséquences ont été aussi fâcheuses pour la prospérité matérielle que pour les intérêts moraux de la société.

Turgot, devenu ministre en 1774, tenta d'appliquer quelques-unes des maximes des Physiocrates, mais au lieu de réformer il désorganisa et n'arriva qu'à mécontenter tout le monde, aussi bien ceux qu'il prétendait aider que ceux qu'il entendait combattre. Il détruisit l'ancienne organisation du travail et ne laissa à la place que le déplorable individualisme qui, sous le faux nom de liberté de travail et de concurrence, a produit tant de misères.

(1) Ce nom de Physiocrate (de φύσις, nature ; κρατεῖν, commander), vient du titre donné au recueil des écrits de Quesnay, publiés en 1768, par Dupont de Nemours : *Physiocratie ou Constitution naturelle du gouvernement le plus avantageux au genre humain.*

2° *Période d'éclat.* — a) *Ecole anglaise.* Le véritable fondateur de l'économie politique orthodoxe ou libérale, celui qui en a codifié les principes, c'est *Adam Smith* (1723-1790), né en Ecosse et professeur à l'université de Glasgow. Dans son grand ouvrage : *Recherches sur la nature et sur les causes de la richesse des nations*, publié en 1776, il a exposé ses idées sur le travail, la rente, le profit, le salaire et les autres points de la science économique. — Après Smith vinrent *Ricardo* (1772-1823) qui, dans son livre *Principes de l'Economie politique et de l'Impôt*, précisa un certain nombre de points laissés obscurs par le maître ; *Malthus* (1766-1834), surtout célèbre par la fameuse loi de la population exposée dans son *Essai sur les principes de la population* ; il signale comme principale cause de la misère, la multiplication trop rapide des populations eu égard à l'accroissement des subsistances ; *Stuart-Mill* (1806-1873), esprit vigoureux, personnel, indépendant, qui, plus qu'aucun autre, a creusé les principales questions de la valeur et de l'échange. Il a exposé ses idées dans ses *Principes d'Economie politique.* — C'est de l'école anglaise qu'est sortie, en 1838, sous l'impulsion de *Cobden*, la fameuse *Ligue de Manchester* (1). Elle se constitua le champion des doctrines libre-échangistes et publia, le 10 mai 1846, un manifeste demeuré célèbre, où elle disait : « L'échange est un droit naturel comme la propriété. Y porter atteinte pour satisfaire la convenance d'un autre citoyen, c'est légitimer la spoliation ; c'est méconnaître la pensée providentielle manifestée par l'infinie variété des climats, des forces naturelles et des aptitudes ; c'est contrarier le développement de la richesse publique, en contraignant tel ou tel à donner une fausse direction à ses efforts, à ses travaux, à ses capitaux ; c'est compromettre la paix des peuples. »

b) *Ecole française.* Les doctrines économiques d'Adam Smith furent apportées en France par son disciple *J. B. Say* (1767-1832), qui doit être compté parmi les fondateurs de la science de l'Economie politique. Après lui vint *Bastiat*, écrivain habile et polémiste brillant. Il a

(1) Le rôle joué par la Ligue de Manchester a été si considérable que l'on est arrivé à donner souvent le nom d'école manchestérienne et de principes manchestériens à l'école libérale et à ses principes.

toute sa vie lutté contre le socialisme et le régime protecteur. Son nom est resté populaire entre tous ceux des économistes français. Ses *Harmonies économiques* sont son ouvrage le plus remarquable, malheureusement il n'est pas achevé. — A ces deux noms il faut ajouter ceux de *Rossi*, *Léon Faucher*, *Joseph Garnier*, *Baudrillart*, *Frédéric Passy*, *Léon Say*, *Jules Rambaud*, *Courcelle-Seneuil*, *Maurice Block*, *de Molinari*, *Arthur Desjardins*, *Paul Leroy-Beaulieu*, etc. « Pendant longtemps, malgré quelques contradicteurs clairsemés, l'économique classique tissa des jours semés d'or et de soie. Elle dominait à l'Institut. Ses adeptes pouvaient seuls pénétrer à la section économique de l'Académie des sciences morales et politiques. Elle possédait l'unique Revue qui traitât alors de ces questions : le *Journal des Economistes*. Elle trônait au Collège de France. En 1864, elle s'introduisait bruyamment à l'Ecole de Droit, dans la personne de M. *Batbie*, et l'opposition célébrait la création de cette chaire comme le triomphe des idées libérales. Docile à ses conseils, l'Empire signait le traité de 1860. Tout lui souriait et elle croyait avoir pour toujours triomphé de toute hostilité (1). »

3° *Période du déclin.* — Depuis quelques années une réaction se produit, l'orthodoxie libérale n'est pas seulement prise à partie par les socialistes et par les catholiques, elle voit encore se refroidir le zèle d'un certain nombre de ses partisans. Plusieurs l'abandonnent presque complètement, comme *Cauwès*, *Charles Gide* et *Alfred Jourdan* ; d'autres lui restent fidèles dans ses dogmes fondamentaux, mais refusent de la suivre dans ses conclusions extrêmes par trop compromettantes, comme *Cairnes*, *P. Leroy-Beaulieu*, *Arnault*, *de Foville*, *Beauregard*, *Jules Rambaud*, *Thorold Rogers* et *Levasseur*. — Le libre-échange n'est plus appliqué par aucune nation, pas même par l'Angleterre, et de toutes parts, sous la forme d'*Unions* ou de syndicats, on revient au système corporatif ; l'âge d'or du libéralisme est passé et nous commençons à être loin du temps où dans toutes les chaires officielles on ne distribuait que du pain fait avec la plus pure farine de l'orthodoxie libérale. Des professeurs, et non des moins distingués, ont rompu avec les anciens axiomes sur la rente, la nature de la

(1) Urbain GUÉRIN. — *L'Evolution sociale*, p. 261.

valeur, la liberté illimitée du travail, le caractère exclusivement personnel de la propriété, le rôle réduit de l'Etat, la supériorité de la méthode de déduction, l'excellence du régime économique actuel et bien d'autres points encore.

« Si nous en jugeons par les livres qu'ils publient, écrit non sans amertume un des maîtres de l'École libérale, nos professeurs d'Economie politique des Facultés de Droit ne répondent plus guère à l'intention du législateur qui a établi leurs chaires. Cette intention était fort claire... On voulait que les étudiants fussent préservés des erreurs socialistes par une exposition claire et démonstrative des fonctions du propriétaire. Si leurs cours ont quelqu'utilité, ce dont nous doutons fort, ils ne servent pas à donner ce qu'on leur demande, des idées fermes et nettes sur la théorie de la propriété (1). »

Ce qui explique cette mauvaise humeur, c'est que les dissidents deviennent tous les jours plus nombreux et ne craignent pas de porter la cognée jusque dans les racines de l'arbre dont les fruits avaient nourri leur jeunesse. Ils forment aujourd'hui une véritable école dont il n'est pas possible de ne pas dire un mot.

(1) Courcelle Seneuil. — Dans le *Journal des économistes*, août 1885.

APPENDICE

LES DISSIDENTS DU LIBÉRALISME

Cette école a pris naissance en France. Elle a pour chefs deux économistes d'une incontestable valeur : Cauwès, professeur à la Faculté de Droit de Paris, et Ch. Gide, autrefois professeur à la Faculté de Montpellier, actuellement professeur à l'École sociale fondée à Paris par le comte de Chambrun. L'un et l'autre ont développé leurs idées dans un *Cours d'Economie politique*. Elles continuent à être exposées dans la *Revue d'Economie politique* qu'ils ont créée. Des disciples sont venus se ranger autour d'eux et dès lors a commencé un mouvement séparatiste qui inquiète sérieusement les orthodoxes impuissants à l'enrayer. De notre pays il s'est étendu en Angleterre, en Belgique, en Suisse, en Italie, en Espagne, opérant non seulement une évolution, mais une vraie révolution dans l'enseignement officiel (1).

Cette école, qui se pique d'un *sage éclectisme*, s'efforce de tenir le milieu entre le socialisme et le libéralisme classique. Pour ce dernier elle se montre souvent aussi sévère dans ses appréciations que les collectivistes eux-mêmes. « Un reproche que l'on peut, parmi bien d'autres, adresser à cette doctrine, dit-elle avec Gide, c'est une tendance très marquée à l'optimisme, tendance qui paraît inspirée beaucoup moins par un esprit

(1) Parmi les économistes qui, par leurs tendances, se rattachent à cette école, on peut citer : — En Angleterre : Devas, Jevons, Stanley ; — en Italie : Cossa, Luzzati ; — en Espagne : Posoda, Olozaga ; — en Suisse : Segretan ; — en Belgique : Mahaim.

vraiment scientifique que par le désir de légitimer l'ordre de choses existant (1). » Elle n'admet pas que le régime économique actuel soit si naturel, si pratique, si avantageux qu'on ne puisse sans imprudence et légèreté songer à le modifier : « Sans doute, quand on considère l'organisation économique d'une société et les institutions qui en sont le fondement, on est autorisé à conclure qu'elles sont bonnes au moins par quelque côté... on est même autorisé à conclure qu'elles sont naturelles, puisqu'elles sont évidemment déterminées par la série des états antérieurs ; mais on n'est nullement autorisé à conclure qu'elles sont les meilleures possibles. Cette conclusion est tout à fait irrationnelle... On n'est pas davantage autorisé à conclure que parce que les lois naturelles sont permanentes et immuables, les faits et les institutions économiques actuelles doivent avoir aussi un caractère de permanence et d'immuabilité. C'est là un pur sophisme, pour ne pas dire un jeu de mots (2) ».

Quoique l'Etat ait jusqu'à ce jour fait preuve d'une incapacité lamentable, l'Ecole *dissidente* lui reconnaît le droit et même le devoir d'intervenir dans les questions économiques et ouvrières. Elle réclame cette intervention, entr'autres points, pour la limitation des heures de travail des enfants et des femmes.

Elle avoue qu'une partie des critiques et des réclamations socialistes sont fondées, mais elle rejette les plans de rénovation du collectivisme, elle les considère comme irréalisables. Ses adversaires conservateurs lui reprochent, malgré cela, d'aller trop loin dans la voie des concessions, d'exagérer les vices du système actuel, d'accorder beaucoup trop à l'Etat, de dénaturer presque jusqu'à la détruire la notion de propriété privée et de frayer le chemin à des doctrines qu'elle déclare réprouver.

Le reproche n'est pas absolument immérité, quoique les intéressés se défendent d'avoir de commun avec les socialistes autre chose que le sentiment des côtés défectueux du régime économique en vigueur, le désir de supprimer des abus criants et la préoccupation d'assurer à la classe laborieuse une part plus grande de jouis-

(1) Gide. — *Principes d'économie politique.*
(2) — *Ibid.*

sances et de bien-être. Il se rapproche beaucoup des *socialistes de la chaire* que nous étudierons plus loin et semblent devoir tôt ou tard jouer en France le même rôle que ceux-ci jouent déjà depuis des années en Allemagne.

L'Ecole *dissidente* se rapproche aussi par quelques côtés de l'Ecole *catholique*, dont elle ne parle qu'avec estime (1); mais elle pense autrement que nous sur un très grand nombre de points et de points des plus fondamentaux. Elle n'a aucun caractère chrétien, elle affecte de négliger tout l'aspect religieux de la question sociale, elle s'applique uniquement à prendre dans chaque système ce qu'elle croit y découvrir de bon. C'est une école *éclectique* à tendances démocratiques très marquées.

(1) Gide a été un des premiers, parmi ceux qui ne partagent pas nos idées, à reconnaître l'importance du mouvement social chrétien et à rendre justice aux sages et généreuses aspirations de l'Ecole catholique. « Bien que l'épithète même qui sert à désigner cette Ecole, dit-il dans son discours sur les quatre écoles sociales, semble la mettre en dehors d'une classification scientifique, cependant elle a pris un trop grand développement dans divers pays et, même au point de vue purement économique, le seul dont nous ayons à nous occuper ici, elle présente des traits trop caractéristiques pour que nous puissions la passer sous silence. »

II

ÉCOLE SOCIALISTE

I. — Du Socialisme en général.

1° *Ce qu'on entend par Socialisme.* Le mot de socialisme est d'origine relativement récente. On le trouve employé pour la première fois dans *l'Essai sur l'égalité*, du philosophe humanitaire *Pierre Leroux*. L'ouvrage est de 1837. Ce terme a un sens très étendu et assez vague, il n'est pas de mot à la fois plus usité et moins nettement défini. On l'a pris dans des acceptions bien diverses. — Pour les uns, « le Socialisme est tout système s'occupant de réformes économiques et offrant un plan de réorganisation sociale. » — Pour d'autres, « le Socialisme est toute conception économique tendant, soit à modifier plus ou moins profondément, au profit de la classe laborieuse, les rapports qui existent actuellement entre le capital et le travail, soit à mettre entièrement fin au régime de la propriété individuelle et de l'exploitation patronale, par la socialisation de la matière productive et de ses fruits. » — Pour d'autres, « le Socialisme est un terme générique qui exprime certains modes d'ingérence de l'Etat dans les relations entre producteurs et consommateurs. Cette ingérence aurait pour but de rectifier ou de corriger les inégalités sociales, de modifier le cours naturel des choses, de substituer aux contrats librement consentis et débattus des types officiels de contrats... » — Pour d'autres, « le Socialisme est un ensemble d'aspirations et de théories qui tendent à établir entre tous les hommes, par divers moyens de contrainte légale, la plus grande égalité possible de richesse ou de misère ». — Pour d'autres, « le Socialisme consiste dans la nationalisation des moyens de production, l'administration par l'Etat de l'ordre économique, et principalement de la production et de la distribution des richesses ». — Pour d'autres, « le Socialisme c'est l'action internationale du prolétariat, travaillant à son émancipation matérielle et morale par l'expropriation du capitalisme ». — Pour d'autres, « le Socialisme est un système de réglementation communiste inspiré par la passion utilitaire et la passion égalitaire. » — On pourrait multiplier les citations presque jusqu'à l'infini. Chacun s'est mis à son point de vue et a donné une définition du Socialisme tel qu'il le concevait. S'il fallait donner une définition générale convenant aux diverses espèces de socialisme nous dirions volontiers que « le Socialisme est un système qui se propose de remédier au mal social en réorganisant la société sur d'autres bases et en substituant plus ou moins rapidement et plus ou moins complètement la propriété nationale à la propriété privée, et l'action de l'Etat à l'initiative des particuliers ».

2° *Diverses espèces de Socialisme.* — Parmi ceux qui rêvent cette réorganisation il y a de grandes variétés de vues. A côté de quelques idées générales communes et d'un but final identique, les socialistes des diverses écoles ont des théories très différentes sur beaucoup de points. Ils ne s'entendent ni sur le caractère à donner à leur propagande, ni sur les moyens à prendre pour arriver à la transformation désirée, ni sur le but immédiat à poursuivre, ni sur un grand nombre d'autres questions encore. Leur parti se divise en de multiples groupements qui ont chacun leur programme. Il serait trop long de nous occuper de chaque fraction de la grande armée socialiste, et d'exposer tous les systèmes qui ont été imaginés par ses chefs ; nous ne parlerons que des trois principales formes du socialisme : le socialisme *collectiviste*, le socialisme *agraire*, le socialisme *d'État*.

II. — Du socialisme collectiviste.

I. Exposé des doctrines collectivistes. — La doctrine des collectivistes comprend deux parties bien distinctes ; l'une est *purement négative*, l'autre est *positive*.

1° *La partie négative*, celle qui a fait jusqu'ici leur force et leur succès, se réduit à une critique virulente du système économique et social actuel. Ils ont tracé de notre société, de ses misères, de ses iniquités des peintures parfois noircies, mais trop souvent véridiques et toujours saisissantes. Ils avaient la partie belle, ils en ont usé et même abusé. Ils ont mis en relief tous les côtés faibles, tous les vices du régime qui prédomine depuis un siècle. Ils ont placé en plein jour les souffrances du prolétariat, les abus du capital, les inégalités des classes, les rivalités d'intérêt, la toute-puissance de l'argent, l'écrasement du faible et ils concluent qu'un état social qui rend possible « d'aussi monstrueux excès » est essentiellement mauvais et qu'il faut à tout prix l'anéantir. Songer à l'améliorer est une pure utopie, c'est vouloir tenter l'irréalisable ; on n'arrivera jamais à le rendre acceptable, il est vicié jusque dans son essence. Si l'on veut ramener dans le monde du travail la paix et la justice, on doit se résoudre à faire table rase de ce qui existe et asseoir la société sur des bases absolument nouvelles. « Le vieil édifice est lézardé de toutes parts, il n'est plus susceptible de réparation, il n'est bon qu'à tomber sous la pioche ; différer de le démolir, c'est s'exposer à être écrasé par lui ». Jusqu'au jour de la révolution, tant que régnera le système capitaliste, il n'y aura que misère et que lutte pour la classe privée de capitaux.

2° *La partie positive* de la doctrine collectiviste est moins brillante et surtout moins facile à préciser. Les socialistes sont d'admirables destructeurs, mais ils n'ont pu jusqu'ici rien imaginer de sérieux, pour mettre à la place de ce qu'ils s'acharnent à supprimer. Leurs théoriciens *Lassalle* et *Karl Marx* ont été bien plus des critiques inexorables du libéralisme que des créateurs d'un régime nouveau. Ils se sont renfermés dans une prudente réserve, ils se sont bornés à émettre discrètement quelques idées de réorganisation générale, et nous serions fort embarrassés pour nous faire une idée du collectivisme intégral si nous ne possédions que leurs écrits. Heureusement, quelques-uns de leurs disciples ont été plus explicites et nous ont permis d'entrevoir ce que serait le monde si les rêveries collectivistes venaient jamais à prévaloir. La perspective n'a rien de séduisant. C'est à *Schäffle* et à *César de Paëpe* que nous devons les esquisses les plus complètes de la société organisée d'après les principes collectivistes (1).

D'après *Schäffle* et *Bebel* le socialisme radical ou vrai socialisme implique : — a) *dans l'ordre économique* la négation de la propriété privée et la nationalisation non seulement du sol, mais de tous les facteurs de la production. L'Etat est seul producteur comme seul propriétaire. « Pour guérir le mal, dit Léon XIII, les socialistes excitent la jalousie des pauvres contre les riches. Ils soutiennent qu'il faut supprimer la propriété individuelle et lui substituer la communauté des biens, administrée par les municipalités ou par l'Etat. Moyennant le transfert de la propriété individuelle à la communauté et une égale répartition entre les citoyens de tous les biens et de tous les profits, ils estiment pouvoir remédier au mal dont souffre actuellement la société » (2).

Le Collectivisme veut la reprise graduelle de tous les instruments de travail par l'Etat, qui les conservera inaliénables sous sa tutelle. Les moyens de production, terres, usines, outillage, accumulés dans la collectivité,

(1) « Ce n'est pas le côté positif des théories socialistes qui attire le prolétariat ; ce n'est pas le collectivisme que nous redoutons, c'est le côté négatif qui nous fait peur, c'est la négation de la société, c'est la lutte de classe prêchée à outrance. Le socialisme a découvert le côté faible de l'organisation économique actuelle ; il s'obstine à ne reconnaître la société que par les faiblesses, les injustices, les vices des hommes. Il doute de la vertu, il conteste tout mobile noble et généreux. Il ne voit partout qu'iniquité et qu'exploitation. Il exagère les abus réels et y ajoute des abus fictifs, pour lui tous les scandales sont inouïs, toutes les injustices sont monstrueuses, toutes les plaies sociales sont mortelles pour la société. La haine conduit la plume de l'écrivain socialiste, elle frémit dans la parole de l'orateur socialiste, elle ne respecte rien, elle ne ménage rien, elle ne recule devant rien. . » WINTERER. — *Le socialisme contemporain*, p. 109.

(2) Encyclique : *Rerum novarum*.

seront confiés temporairement aux groupes organisés conformément à un ordre à établir. « Dans la société actuelle, les moyens de production sont devenus le monopole des capitalistes. De là, la situation dépendante, qui a valu aux ouvriers tous les maux de l'esclavage sous toutes ses formes. Le salut de l'ouvrier exige que les moyens de production deviennent propriété sociale, que la société soit distribuée par corps de métier, que les produits du travail soient utilisés dans l'intérêt de la communauté et distribués aux individus d'après les lois de la justice (1) ».

Par moyens de production, il faut entendre, d'après le Congrès de Bruxelles, tenu par l'Internationale en 1868, les carrières, les houillères, les mines en général, les canaux, les chemins de fer, les postes, le télégraphe, les forêts, les terres, les biens-fonds, les fabriques, les machines et les outils de toute nature.

La quintessence de l'économie politique socialiste se trouve, d'après *Schaeffle*, dans ces simples mots : « Remplacer le capital privé par le capital collectif (2) ».

(1) Ainsi s'exprime le Congrès tenu à Gotha, le 25 mai 1875, par les socialistes allemands. On y affirma les principes suivants : 1° Les moyens de production sont exclusivement propriété collective et appartiennent à la société. Les particuliers n'en ont que l'usufruit ; 2° La production agricole et industrielle ne peut être que sociale, c'est-à-dire ne peut être exercée qu'au nom de l'Etat social. L'Etat social fixera seul les prix de vente pour les marchandises et les produits ; 3° Défalcation faite des frais généraux, le particulier recevra tout le prix de son travail, c'est lui qui touchera les dividendes que les capitalistes ont touchés jusqu'ici. Ce bénéfice, produit du travail personnel, appartiendra à l'ouvrier, mais c'est la seule chose qui lui appartiendra et sera transmissible à ses héritiers. Cette dernière partie du programme de Gotha a été violemment attaquée par Karl Marx qui voit, dans ce droit pour l'ouvrier de capitaliser ses bénéfices, un péril pour l'avenir et une porte ouverte à la reconstitution des fortunes. Chaque ouvrier ne doit recevoir que suivant ses besoins et, par conséquent, restreindre en conséquence sa production. D'après lui, l'Etat socialiste parfaitement organisé devrait reposer sur ce principe : « Chacun produira suivant ses facultés, chacun recevra suivant ses besoins ».

(2) L'alpha et l'oméga du socialisme, c'est la transformation du capital privé soumis à la loi de la concurrence en capital collectif unique. » SCHAEFFLE. — *Quintessence du socialisme.*

b) *Le Socialisme intégral implique, dans l'ordre politique, le républicanisme démocratique pur.* La société de production rêvée par les socialistes est une république parfaite dans laquelle chaque particulier a les mêmes droits et les mêmes devoirs. Tous les citoyens sont égaux et c'est le peuple qui gouverne. C'est lui qui est l'autorité ; il la délègue à quelques mandataires, qu'il peut révoquer à son gré et qui n'ont d'autre pouvoir que celui de veiller à l'exécution des lois votées par le peuple. Le peuple n'est sujet que de lui-même. « La liberté politique, disaient les Congressistes d'Eisenach, est l'indispensable condition *sine qua non* de la délivrance économique de la classe ouvrière. Dès lors la question sociale est nécessairement une question politique. Celle-là se résoud avec celle-ci et sa solution ne devient possible que dans l'Etat démocratique. » Aussi voit-on partout les socialistes marcher à l'avant-garde du parti républicain et travailler au renversement de toute royauté. Leur drapeau est le drapeau rouge.

c) *Le Socialisme intégral implique dans l'ordre religieux et philosophique le matérialisme et l'athéisme.* Les socialistes font presque tous profession non seulement d'athéisme, mais même d'antithéisme. Dépouillée des phrases creuses et des affirmations sonores, la religion du social-démocrate, comme le fait remarquer le P. Antoine, se réduit à ces éléments : Dieu, c'est l'Etat populaire démocratique ; la fin dernière, les jouissances terrestres ; le décalogue, les droits de l'homme ; le culte social, la production. Pour s'en convaincre il n'y a qu'à prendre les déclarations des plus autorisés parmi les socialistes. « Si la religion, dit *Joseph Dietzgen*, le théologien du collectivisme, consiste dans la croyance aux vertus et aux êtres surnaturels, aux esprits et aux dieux supérieurs à l'homme, le socialisme démocratique rejette toute religion. L'être suprême, le seul auquel nous croyons, c'est l'humanité civilisée. Notre espérance, c'est de transformer la société par le socialisme démocratique. Notre charité, c'est l'amour de la vérité que les maniaques religieux n'ont jamais connue. Le sauveur de l'avenir, c'est le travail. Notre Rédemption à nous ne repose pas sur un idéal religieux, mais sur un rocher massif et matériel. Ce qui autorise le peuple à croire à la délivrance des maux qui l'affligent depuis des milliers d'années, ce qui lui montre même cette délivrance du doigt, ce sont la magie de la force productive et l'étonnant succès du travail. Moyennant les formules inventées par les sciences modernes, nous forçons la nature à nous prodiguer ses dons, presque sans peine et sans travail de notre part. Voilà la richesse qui fera désormais ce qu'aucun sauveur n'a pu faire jusqu'à présent. » — « Le socialisme moderne est absolument impie et ennemi de l'Eglise, déclare *Schäffle*. L'Eglise est la police du capital et trompe le prolétariat en lui donnant un chèque sur le ciel. C'est pourquoi elle mérite de disparaître et tout socialiste doit haïr toute religion. » — « Nous haïssons la prêtraille, écrivait le journal *Volksstaat*, et nous maudissons systématiquement toute Eglise parce que nous ne croyons pas en Dieu. » — « L'idée de Dieu est immorale, absolument contraire à tout progrès, disait de son côté le *Travailleur belge*, il faut que le catholicisme tombe. Il faut étouffer le papisme dans la boue. Si vous ne décatholicisez pas la France, vous n'arriverez à rien. Guerre à Dieu ! Le progrès est là ». — « En fait de religion nous sommes athées », ne craignait pas de s'écrier *Bebel* en plein Parlement allemand. Les colonnes des journaux socialistes sont pleines d'horribles blasphèmes contre la religion ; les discours des orateurs du parti contiennent les plus violentes attaques contre l'Eglise, le clergé et Dieu, les soulèvements ouvriers prennent un caractère de plus en plus antireligieux. « On abandonne, suivant le mot de Heine, le ciel aux anges et aux moineaux (1). »

Ce qui explique ce caractère nettement antithéique des doctrines socialistes, ce sont leurs origines philosophiques. Les dogmatistes du parti, comme l'établit *Jean Jaurès* dans sa thèse sur les *Origines du socialisme allemand*, sont tous des disciples de *Kant*, de *Fitche* et d'*Hégel*, ils leur ont emprunté leurs conceptions,

(1) Les socialistes français n'ont pas, sur la religion, une autre manière de voir que les allemands. *Jaurès* appelait la religion, dans un discours au Parlement (novembre 1893), « une vieille chanson, une habitude et non plus une croyance ». Jules *Guesde* a fait, lui aussi, du haut de la tribune, à plusieurs reprises, profession d'athéisme. Dans la *Revue socialiste*, on se livre à d'incessantes attaques contre Dieu et l'Eglise. Il en est de même dans toutes les autres feuilles collectivistes. Il serait impossible de citer un seul socialiste militant qui soit croyant.

ils y ont joint *la théorie de l'évolution*. Plusieurs appartiennent à l'extrême gauche hégélienne (1).

d) *Le Socialisme intégral implique, dans l'ordre domestique, le relâchement du lien conjugal, l'union libre uniquement inspirée par l'amour et l'éducation des enfants par l'Etat.* La famille étant la cellule-mère de la société, les socialistes, pour réformer la société, croient devoir commencer par une reconstitution, sur d'autres bases, de la famille. « Comme la Religion, dit *Benoît Malon*, comme la Propriété, comme la Cité, comme l'Etat, comme toutes les institutions cardinales des civilisations humaines, la Famille est soumise aux lois de l'évolution universelle et elle est dépendante des autres réalisations sociales. On a dit avec raison : telle société, telle sorte de groupement familial ; par conséquent, à nouvelle société, famille organisée sur de nouvelles bases (2). »

Les socialistes conservent la monogamie parce que, disent-ils, elle est rendue presque nécessaire par la loi du balancement des sexes, et aussi parce qu'elle est beaucoup plus conforme à la nature de l'homme et qu'elle sauvegarde davantage la dignité de la femme ; mais ils veulent une monogamie améliorée, une monogamie dans laquelle il entre moins de légalité, moins de contrainte et plus d'amour, moins de préoccupations d'intérêt et plus de libre choix.

Ils rejettent le mariage religieux, le mariage légal et le mariage indissoluble. Ils prêchent l'union libre uniquement inspirée par l'amour, avec la facilité pour l'homme et la femme de se séparer lorsqu'ils ont cessé de se plaire. Ils rangent le mariage parmi les mensonges conventionnels de la civilisation. « La femme, dit

(1) Bebel, le plus actif des chefs du socialisme allemand modéré, disait à la séance du Reichstag, du 16 septembre 1898 : « Hæckel, le principal représentant du darwinisme, ne comprend pas que le darwinisme puisse favoriser le socialisme, ni que le socialisme se trouve en rapport intime avec le darwinisme. Hæckel ne comprend rien à la science sociale..

« Vous attaquez notre manière de voir en fait de religion ; vous dites que nous sommes athées et matérialistes ; vous avez raison. Nous avons adopté les doctrines de l'athéisme qui nous venaient d'ailleurs ; nous nous croyons obligés de les propager et de les répandre dans les masses. »

(2) *Précis du socialisme*, p. 194.

Bebel, est maîtresse de son cœur ; elle le partage avec qui elle veut. Une relation cesse de lui plaire, libre à elle de la rompre et de porter ailleurs son affection (1). » — « Le mariage résultant, dit *Sécrétan*, cité par *B. Malon*, d'un accord librement stipulé entre deux êtres raisonnables, ce contrat ne doit renfermer aucune clause immorale, et rien ne saurait être plus immoral que de renoncer à sa liberté personnelle pour toujours. Aussi ne pouvons-nous pas réprouver avec trop d'énergie les législations qui ne permettent à la femme de concilier l'honneur, l'amour et la maternité qu'au prix de cette chose abominable : le sacrifice de sa liberté et de sa personnalité (2). » Il n'est pas une seule Revue socialiste qui ne préconise, avec plus ou moins de cynisme, la thèse monstrueuse de l'amour libre.

Les socialistes réclament l'affranchissement de la femme et l'absolue égalité sociale des sexes. « Toute la vie de la femme est perpétuellement infériorisée par nos lois et par nos mœurs. La législation et les conditions économiques du monde ont commercialisé l'acte sacré de l'union de deux êtres qui ne devrait être faite qu'en vue d'une heureuse et améliorative vie commune et de la perpétuation de l'espèce... La femme est toujours dans un état de servage, c'est au socialisme à proclamer enfin son affranchissement (3). » « Dans le

(1) *Die Frau*, p. 192.
(2) *Précis du socialisme*, pp. 198-199.
(3) Benoit Malon. — *Précis du socialisme*, p. 200. — Le même auteur dit un peu plus loin : « Femmes, c'est à vous que je m'adresse. On vous a dit que le socialisme c'est votre abaissement; on a menti. C'est vous qui avez le plus à gagner au nouvel ordre de choses ; vous, qui, dans la société actuelle, êtes civilement infériorisées, politiquement mineures, conjugalement asservies et économiquement plus maltraitées, plus exténuées, plus exploitées encore que les travailleurs, sans parler des insondables douleurs de la prostitution qui frappent les plus malheureuses de vos sœurs, sans parler du déprimant et desséchant célibat auquel sont condamnées les plus dignes d'entre vous, en vertu de la mercantilisation bourgeoise du mariage. De tous ces maux, le socialisme vous délivrera ; venez donc à ce suprême consolateur, à ce puissant rénovateur, qui, à chaque être humain, veut donner la vie pleine, dans le savoir, dans l'excellence morale, dans le bien-être, dans la justice, dans l'amour... »

mariage et hors du mariage, la femme doit être vis-à-vis de l'homme sur le pied d'une parfaite égalité », écrit *Bebel* dans son livre *die Frau*. Homme et femme doivent avoir les mêmes droits civils, politiques et conjugaux. — Les socialistes enfin veulent que l'enfant soit élevé par l'Etat et soustrait à l'autorité paternelle. Parmi les principes adoptés au Congrès collectiviste de Gotha, en mai 1875, se trouvait le suivant : l'éducation universelle de l'enfant sera dévolue à l'Etat, elle sera égale pour tous. « L'important, dit *Benoît Malon*, dans son *Socialisme intégral*, est d'abolir radicalement l'autorité du père et sa puissance quasi royale dans la famille... L'enfant doit être soustrait à cette autorité et placé sous la tutelle de l'Etat... Les enfants ne sont-ils pas autant que les parents ? Pourquoi les contraindre à obéir ? De quel droit ? Plus d'obéissance, sans quoi plus d'égalité. »

Il est facile, d'après ces citations, de voir que le socialisme sape les bases de la famille comme il sape les bases de la société. Il amoncelle des ruines au foyer comme dans l'Etat ; son œuvre est éminemment destructive de tout ce qui est respectable et saint.

e) *Dans l'ordre international, pour beaucoup, le Socialisme intégral implique la négation de la patrie et l'abolition des frontières.* Plusieurs, parmi les collectivistes, se contentent d'une sorte de fédération de toutes les nations civilisées, elles conserveraient leur autonomie, mais seraient placées sous l'autorité d'un tribunal suprême et devraient s'entendre annuellement pour répartir la production et arrêter le chiffre de la production, D'autres vont beaucoup plus loin, ils sont nettement internationalistes. La patrie est une institution qui, comme bien d'autres, a fait son temps. Tous les peuples sont frères, l'humanité est une grande famille, les frontières ne servant qu'à élever des barrières entre ses membres doivent être supprimées. Avec elles disparaîtra la grande plaie du militarisme, puisque c'est pour les défendre que l'on crée et que l'on entretient les armées qui coûtent si cher et constituent un danger permanent pour la liberté. Plus de frontières, s'écrient-ils, plus de soldats, plus de nations différentes et divisées, rien qu'une humanité, rien que des hommes se considérant comme des frères et marchant ensemble dans l'union, la paix et la solidarité, à la conquête du commun bonheur...

II. Organisation sociale collectiviste. — Le régime social actuel repose sur la propriété individuelle et la libre concurrence. L'Etat collectiviste reposera sur des bases toutes différentes, il sera fondé : 1° Sur la nationalisation, ou mieux, comme on dit aujourd'hui, sur l'étatisation de tous les moyens de production ; 2° Sur l'organisation rationnelle du travail et la réglementation de la production par l'Etat socialisé.

Là est le seul remède réellement efficace au mal qui nous ronge, tout le reste n'est que palliatifs anodins. — Mais que sera au juste cette société ainsi refaite de toutes pièces ? En quoi consistera cette fameuse organisation rationnelle du travail sur laquelle reposera l'édifice nouveau ? Comment s'y prendra-t-on pour réglementer la production de manière à ce qu'elle soit toujours suffisante et jamais plus considérable que les besoins ? C'est ce que, par prudence ou par impuissance, négligent de nous dire les pontifes du collectivisme. Leurs déclarations sont si vagues, si contradictoires même, que M. de Mun, s'adressant aux chefs du socialisme français, pouvait, sans qu'il leur fut possible de protester, leur adresser du haut de la tribune ces virulentes paroles : « Vous agitez devant le peuple la perspective idéale de la société collectiviste dont aucun de vous n'est capable d'expliquer le fonctionnement. Non ; je dis : « aucun de vous », pas plus M. Jaurès que M. Jules Guesde, aucun ! J'ai entendu des périodes superbes, des paroles ardentes, de larges formules, mais je n'ai jamais vu qu'on se fût expliqué sur ces deux points fondamentaux : la répartition et la rémunération du travail ; et tant qu'on ne l'aura pas fait on n'aura rien montré de pratique que l'idée d'un monstrueux despotisme (1) »

Schäffle s'est efforcé, dans la *Quintessence du Socialisme*, en puisant dans les œuvres collectivistes et en

(1) Discours à la Chambre des députés, du 30 avril 1894. L'orateur disait ensuite : « Eh bien ! vous agitez devant le peuple cette vague perspective comme, dans le désert, les guides perfides trompent avec le mirage les soldats épuisés par la marche ; et vous le conduirez une fois de plus à des combats sans espérance, d'où il sortira plus meurtri et plus sanglant, ayant peut-être frayé le chemin d'une révolution politique nouvelle, sans profit pour lui, comme les autres, et qui laissera la société plus méfiante, plus éloignée de lui qu'elle ne l'est aujourd'hui. »

particulier dans celles de *Lassalle* et de *Marx*, de nous donner un aperçu du mécanisme du système collectiviste pleinement appliqué. Si nous l'avons bien compris, — ce dont nous n'oserions nous flatter — voici ce qui se passerait au jour où le prolétariat conscient et organisé serait devenu, soit par une révolution, soit par l'usage du droit de vote, détenteur des pouvoirs publics.

Toute propriété privée serait abolie, tous les moyens de production seraient concentrés entre les mains de l'Etat. L'Etat serait seul producteur et seul marchand comme seul propriétaire. Il fournirait à tous les instruments de travail et les matières premières, et tous produiraient pour lui. Récoltes et objets fabriqués seraient versés dans ses entrepôts. Il fixerait les quantités à produire et le contingent à servir à la masse commune par chaque fraction de la collectivité. Il confierait à chacun un travail en rapport avec ses goûts, ses aptitudes, son âge et ses forces. On ne produirait pas pour l'exportation, on produirait uniquement pour la consommation nationale. On travaillerait juste ce qui est nécessaire pour fournir aux besoins de l'association : le reste du temps serait consacré au repos, aux relations, aux arts d'agrément, aux jeux, au plaisir. « Le travail lui-même serait un divertissement hygiénique, un devoir nettement accepté, où l'on irait en théories amicales, musique et bannières en tête, où l'on irait comme à une fête, dans un entraînement à la fois affectueux et social (1). » Pour chaque heure de travail on recevrait un bon, ce bon servirait de monnaie et c'est avec elle qu'on irait s'approvisionner aux magasins de l'Etat.

Dans ce système la *production* des richesses est placée sous la direction de l'État socialisé et le contrôle de ses agents. La *répartition* ou *distribution* des produits sociaux est effectuée « de tous à tous, en raison de la valeur d'usage social du travail de chacun (2) ». Dans ces conditions, le temps de travail serait le moyen de mesure, pour chaque producteur, de la part qui lui reviendrait. Le temps de travail ne servirait pas seulement à déterminer la part individuelle de chaque producteur dans le travail commun, mais, en outre, la

(1) Benoit Malon. — *Précis du socialisme*, ch. xxxii. Ce chapitre est à lire tout entier.

(2) Schaffle. — *La quintessence du socialisme*, p. 17.

part des produits communs individuellement consommables.

Il n'y aurait plus ni capitaux privés, ni salaires, ni contrat de prestation de travail, ni contrat de location ou de crédit. Le commerce serait entièrement supprimé avec toutes les institutions qui en dépendent : marchés, bourses, etc.

Ces suppressions seraient opérées par l'abolition du numéraire, ou monnaie métallique, car si on laissait la monnaie jouer, dans cette organisation, un rôle si petit qu'il fût, l'ordre des choses établi et l'économie unitaire socialiste seraient bientôt envahis par la concurrence. Il n'y aurait d'autre monnaie d'échange que les bons de travail et chacun ne devrait travailler que dans la mesure de ses besoins pour éviter tout ce qui pourrait ressembler à une accumulation de capitaux.

Il serait aisé de faire toucher du doigt la faiblesse, les inconséquences, les impossibilités de toute sorte qu'offre ce système, qui suppose une humanité idéale, insensible à l'intérêt personnel et toute pénétrée des sentiments de l'altruisme le plus élevé. Cette démonstration du caractère essentiellement utopique des rêveries collectivistes sera faite ailleurs ; qu'il suffise pour l'instant de rappeler les paroles si justes de Léon XIII : « Si un pareil système était jamais réalisé, il porterait la perturbation dans tous les rangs de la société et ferait peser sur tous les citoyens une odieuse et insupportable servitude ; il ouvre la porte à la jalousie mutuelle, aux mécontentements et aux discordes ; il prive de leurs stimulants le travail et l'habileté, ce qui tarit les richesses dans leur source ; enfin, à l'égalité tant rêvée, il substitue une ignoble égalité dans le dénuement et la misère » (1).

III. Moyens a employer pour établir l'organisation sociale. — Les collectivistes ne s'entendent guère plus sur les moyens à prendre pour arriver à l'Etat socialisé, que sur la nature même de cette socialisation. Les uns préconisent la force et la violence, tandis que les autres recommandent le calme et la légalité. On peut les classer en quatre catégories : les *possibilistes*, les *évolutionistes*, les *révolutionnaires* et les *anarchistes*.

(1) Encyclique : *Rerum novarum*.

1° *Les Possibilistes ou Réformistes.* — Ce sont les modérés du parti, les plus pratiques, mais les moins écoutés. Les purs les traitent avec un certain dédain et qualifient assez irrévérencieusement leurs procédés « d'anodins et de tintamarresques (1) ». Les Possibilistes repoussent les moyens violents, à moins qu'ils ne soient absolument nécessaires. Ils préfèrent avancer graduellement, sans secousse, sans révolution, sans choc, employant les seuls moyens légaux et ils sont convaincus qu'il est *possible* d'aboutir ainsi. Ils disent que les prolétaires étant le nombre et disposant du suffrage universel peuvent s'emparer du pouvoir et modifier le régime social légalement, sans recourir à l'action révolutionnaire qui fait toujours tant de victimes, qui est toujours mêlée de tant d'injustices, qui est toujours suivie d'une terrible crise de transition, d'une période de misère générale pendant laquelle tout le monde souffre, et qui, par les découragements et les apeurements qu'elle suscite, devient si favorable aux réactions. Leur devise est : « Sachons être révolutionnaires, quand les circonstances l'exigent, mais soyons réformistes toujours ». C'est le mode le plus humain, le plus sûr, le meilleur à tous les points de vue.

En attendant que la transformation complète se produise, ils recommandent l'absorption progressive de toutes les entreprises privées et de tous les services par l'Etat. Ils trouvent qu'il serait barbare et peu sage d'attendre, pour améliorer le sort « de la classe exploitée », une révolution problématique, alors que, dès maintenant, on peut faire quelque chose pour elle. Ils donnent satisfaction à certaines revendications ouvrières et marchent par petites étapes vers la socialisation finale. — Au point de vue pratique, ils diffèrent peu des socialistes d'Etat ; ce n'est guère qu'une affaire de nom et de nuance (2).

(1) JULES GUESDE.

(1) Le *Vorwärts*, organe du socialisme allemand, écrivait en janvier 1878 : « Quiconque s'imagine que nous voulons faire table rase d'un coup et violemment détruire l'Etat et la société, et sur leurs ruines construire un nouvel Etat et une nouvelle société, celui-là met au grand jour son ignorance en fait de sociologie. Quant à nous, nous savons fort bien que l'Etat et la société ne se laissent pas démolir en un jour. A d'autres donc, l'ignorance qu'on nous attribue ! Nous savons que jamais la force ne viendra à bout de dé-

2° *Les Evolutionnistes.* — Ce sont des théoriciens appartenant presque tous à l'école marxiste. Ils attendent de la force des événements et de l'inéluctable loi de l'évolution la transformation sociale qu'ils désirent. Elle se produira fatalement. L'humanité est toujours en marche, aussi bien dans l'ordre politique et économique que dans l'ordre physique. L'histoire n'est que la trame de la lutte des classes, se poursuivant à travers les modifications successives des conditions économiques. La société bourgeoise actuelle a remplacé la société féodale. A son tour, dans un avenir plus ou moins prochain, elle sera remplacée par la société collectiviste. C'est une nécessité résultant de la loi de la nature qui pousse tout vers le progrès. L'heure de cette substitution peut être hâtée par les efforts des prolétaires. Suivant *César de Paëpe*, la méthode évolutionniste et la méthode révolutionnaire qui, toutes deux, ont joué leur rôle dans l'histoire, sont loin de se contrarier. Souvent elles se complètent ou se suppléent suivant le temps et les milieux. Un certain nombre d'évolutionnistes préconisent les procédés révolutionnaires pour aboutir plus rapidement ; parmi eux se trouve *K. Marx*, le père de l'évolutionnisme social.

3° *Les Révolutionnaires.* — Ils affichent un profond dédain pour les palliatifs et ne croient pas aux moyens pacifiques. Il est nécessaire de recourir à la force et de faire appel à la violence (1) ; par des ménagements on n'arrivera qu'à éterniser les souffrances du prolétariat. Il faut que le prolétariat se lève, qu'il déclare à ses

molir la société et l'Etat. Aussi cherchons-nous à nous conformer aux lois historiques du progrès, de la justice et de l'humanité et à réformer organiquement l'Etat et la société. D'ailleurs, nous sommes prêts à appuyer toute amélioration honnête et raisonnable, quelle que soit sa provenance... »

Quelques-uns de ces socialistes possibilistes sont entrés d'abord dans les assemblées communales et ensuite au Parlement ; et là, au contact journalier des affaires administratives, ils sont devenus facilement, sans abandonner leurs principes sur la suppression de la propriété individuelle, des socialistes d'un nouveau genre, touchant de très près au socialisme d'Etat, des *socialistes petits bourgeois*, ainsi que les appelle dédaigneusement Engels.

(1) « La force est le moyen de procéder à la rénovation économique de la propriété. » DEVILLE. — *Aperçu sur le socialisme.*

exploiteurs une guerre sans merci, qu'il n'ait aucun souci de la légalité, qu'il se rende maître des pouvoirs publics par les moyens les plus inconstitutionnels et procède à l'expropriation révolutionnaire et sans indemnité de la classe bourgeoise. Les collectivistes de cette école combattent la graduelle socialisation des instruments de production et la monopolisation progressive des services publics, car, d'après eux, elles n'auraient pour résultat que de mettre encore une plus formidable puissance économique entre les mains de la classe capitaliste qui, déjà, détient le pouvoir politique au détriment de la classe ouvrière ; on ferait un Etat capitaliste, mais jamais un Etat socialiste. Si on veut arriver à des résultats vraiment sérieux, il n'y a qu'un moyen : faire le plus vite possible, par la force, table rase de ce qui existe et sur ces ruines reconstituer un édifice en tous points nouveau (1).

(1) Malgré leurs allures intransigeantes et les sarcasmes qu'ils prodiguent aux possibilistes, les révolutionnaires ne dédaignent pas, en pratique, de recourir à certains moyens parlementaires et légaux. En attendant le jour où ils pourront opérer « le chambardement radical » qu'ils rêvent, ils poursuivent la réalisation d'un programme de transition dont voici les points principaux :

1° Repos d'un jour par semaine ou interdiction légale pour les employeurs de faire travailler plus de six jours sur sept. Réduction légale de la journée de travail à huit heures pour les adultes. Interdiction du travail des enfants, dans les ateliers privés, au-dessous de 14 ans ; et de 14 à 18 ans, réduction de la journée de travail à six heures ;

2° Surveillance protectrice des apprentis par les corporations ouvrières ;

3° Minimum légal des salaires déterminé chaque année, d'après le prix local des denrées, par une commission de statistique ouvrière ;

4° Interdiction légale aux patrons d'employer des ouvriers étrangers à un salaire inférieur à celui des ouvriers français ;

5° Egalité pour les deux sexes de salaire pour travail égal ;

6° Instruction scientifique et professionnelle des enfants, mis pour leur entretien à la charge de la société représentée par l'Etat et par la Commune ;

7° Mise à la charge de la société des vieillards et des invalides du travail ;

8° Suppression de toute immixtion des employeurs dans l'administration des caisses ouvrières de secours mutuels et de prévoyance, restituées à la gestion exclusive des ouvriers ;

4° *Les Anarchistes et les Nihilistes.* — Les anarchistes diffèrent des autres groupes socialistes, en ce qui concerne et les moyens à employer et la fin à atteindre. — En ce qui regarde les *moyens*, les anarchistes sont pour a propagande par le fait. D'après eux, tous les moyens même les plus criminels et les plus monstrueux, sont bons. Ils ne reculent ni devant l'incendie, ni devant l'assassinat, ni devant l'usage de la dynamite et des bombes. Ils n'admettent aucune autorité et ne reconnaissent aucune loi. — En ce qui concerne la *fin*, ils poursuivent un but purement destructif des formes gouvernementales et juridiques bourgeoises. Ils veulent avant tout démolir. Après le bouleversement général, les groupes, les communes libres se fédèreront à leur gré pour l'organisation de la production nécessaire et des services publics indispensables.

Les collectivistes se défendent d'avoir rien de commun avec les anarchistes et répudient toute solidarité avec eux ; mais leurs doctrines, comme on l'a bien des fois démontré, conduisent logiquement à l'anarchie (1).

IV. Précis historique du collectivisme (2). — 1° *Précurseurs du Socialisme.* — Sans aller, comme certains, jusqu'à rattacher le Collectivisme aux rêveries sociales de *Platon*, aux invectives des *Pères de l'Eglise* contre les riches ou simplement aux utopies de *Thomas Morus*, de *Francesco Doni*, de *Giovanni Bonifacio*, de *Féne-*

9° Responsabilité des patrons en matière d'accidents garantie par un cautionnement versé et proportionné au nombre des ouvriers employés et aux dangers que présente l'industrie;

10° Intervention des ouvriers dans les règlements spéciaux des divers ateliers ; suppression du droit usurpé par les patrons de frapper d'une pénalité quelconque leurs ouvriers, sous forme d'amende ou de retenue de salaire ;

11° Annulation de tout contrat ayant aliéné la propriété publique (banques, chemins de fer, mines, etc.), et exploitation de tous les ateliers de l'Etat, confiée aux ouvriers qui y travaillent;

12° Abolition de tous les impôts indirects et transformation de tous les impôts directs en un impôt progressif sur les revenus dépassant 3 000 francs ;

13° Suppression de tout héritage en ligne collatérale et de tout héritage en ligne directe, dépassant 20 000 francs.

(1) Cf. le beau discours de M. de Mun à la Chambre des députés, le 30 avril 1894.

(2) Cf. Winterer. — *Le socialisme contemporain.*

lon, de *Campanella* et de *Meslier*, on doit reconnaître que les socialistes modernes ont des ancêtres et qu'ils ne font souvent que tirer les conclusions de principes posés avant eux. Parmi ces ancêtres il faut citer *J.-J. Rousseau*, *Morelly*, *Mably*, *Spense et Babœuf* (1).

J.-J. Rousseau, dans son discours sur l'inégalité des conditions (1753), poussa le premier cri de guerre contre la propriété individuelle. « Le premier qui, ayant enclos un terrain, s'avisa de dire : Ceci est à moi, et trouva des gens assez simples pour le croire, fut le vrai fondateur de notre société. Que de crimes, de guerres, de meurtres, que de misères et d'horreurs n'eut point épargnées au genre humain, celui qui, arrachant ces pieux ou comblant ces fossés, eut crié à ses semblables : *Vous êtes perdu si vous oubliez que les fruits sont à tous et que la terre n'est à personne.* » — La même année, *Morelly*, dans son *Code de la Nature*, trace le plan détaillé d'une société solidariste avec propriété commune du sol, organisation du travail et réglementation tant de la production que de la distribution. « La propriété, y dit-il, est la cause générale et permanente de toutes les discordes, de tous les maux, de tous les crimes, de toutes les misères. » — *Mably*, dans ses di-

(1) Pour certains, le socialisme moderne ne dérive pas de doctrines similaires antérieures, il ne vient ni de Platon, ni de Morus, ni de Campanella, ni de Rousseau, ni de Mably. Il est simplement une transformation des idées économiques de Smith et de J.-B. Say. « Pour nous convaincre de cette vérité, dit le P. Antoine, il suffit de jeter un rapide coup d'œil sur les principaux axiomes économiques du socialisme. Le collectivisme scientifique n'a-t-il pas pris à A. Smith la notion de la valeur, à Turgot, celle du salaire ? La fameuse loi d'airain de Lassalle n'est qu'une traduction de Ricardo. Les collectivistes déclarent injuste toute propriété qui n'a pas sa source dans un travail personnel ; mais ils ont lu dans les bons auteurs de l'Ecole orthodoxe, que le seul titre légitime de propriété est le travail. Ils veulent abolir légalement, c'est-à-dire par une loi émanée de la volonté nationale, la propriété privée, mais ils ont appris de plusieurs jurisconsultes que la propriété est fondée sur la loi. Le parti socialiste, écrit G. Deville, agira comme a agi l'Etat au siècle dernier relativement aux biens de la noblesse et du clergé... » *Cours d'économie sociale*, p. 205. Ce qu'il y a de plus vraisemblable, c'est probablement que le collectivisme s'est inspiré aux deux sources et qu'il a emprunté et à l'économie libérale et à la philosophie déclamatoire.

vers ouvrages : les *Entretiens de Phocion*, les *Doutes sur l'ordre naturel des Sociétés*, les *Devoirs des citoyens* va peut être plus loin encore, il nie toute propriété et se fait l'apôtre d'un communisme absolu. Il célèbre ces temps de félicité où les biens étaient communs, où les tâches étaient distribuées suivant les aptitudes, où chaque famille recevait des magistrats sa part de subsistance. — L'instituteur anglais *Spense*, dans sa *République unitaire* (1786), trace le tableau d'une société où la propriété foncière est inconnue, toutes les terres appartenant à l'Etat, où le pouvoir législatif est exercé par un Parlement annuel élu par le suffrage universel, où les femmes jouissent des droits électoraux au même titre que les hommes et où toute armée permanente se trouve bannie. — *Babœuf*, surnommé Gracchus (1764-1797), se posa comme le messie de l'égalité absolue et le fondateur d'une république basée sur la communauté des biens. Ceux qui sont venus après lui, lui ont beaucoup emprunté. Il a touché à presque toutes les questions économiques et sociales.

2° *Première période socialiste.* — Elle comprend la première moitié du XIX° siècle, elle a produit : *Robert Owen*, *Saint-Simon*, *Fourrier*, *Pierre Leroux*, *Louis Blanc*, *Proudhon*.

Robert Owen publia, en 1812, ses *Nouvelles vues sur la Société*, dont la base est le principe de la communauté des biens et l'abolition de la propriété individuelle. Il fonda en Irlande, en Ecosse et en Amérique diverses colonies pour y appliquer ses idées. Malgré une grande énergie et d'énormes sacrifices pécuniaires, il échoua partout. — Le comte *de Saint-Simon*, petit-neveu de l'auteur des *Mémoires* et élève de d'Alembert, fit paraître en 1824 son *Nouveau Christianisme*. Son système se résume dans l'abolition de tous les privilèges et la suppression de tout héritage. La terre n'est plus qu'un champ commun, l'humanité qu'une grande famille. A sa tête il doit y avoir un père réunissant en ses mains les pouvoirs temporels et spirituels. La société sera divisée en trois classes : les savants, les artistes, les industriels. L'affection servira de lien social. Il sera accordé à chacun suivant sa capacité et à chaque capacité suivant ses œuvres..... Après la mort de Saint-Simon il se forma une école saint-simonienne, elle compta de nombreux adeptes et forma une famille qui se donna pour pères *Bazard* et *Enfantin*. La secte fut supprimée par la police en 1832. — *Fourier*, vers 1808, imagine une nouvelle théorie sociale et fonde le Phalanstérianisme. « Les hommes sont divisés en groupes de travailleurs ou phalanstères. Chaque phalange contient environ 1800 membres, logés dans un bâtiment vaste et commode, et exploite une lieue carrée. La vie, les biens, tout est en commun dans le phalanstère. La division du travail y est pratiquée et on distribue les produits dans la proportion suivante : un tiers aux capitalistes, un quart au talent, cinq douzièmes aux travailleurs. Chaque phalanstère cultivera les produits appropriés à ses goûts et au sol. Tous les phalanstères du monde échangeront leurs produits, ainsi s'établira l'harmonie universelle (1). » — Au système de Fourier on peut rattacher celui de *Cabet*, qui, après avoir exposé ses idées égalitaires et communistes dans son *Voyage en Icarie* (1847), tente de les mettre en pratique dans une colonie qu'il fonda aux Etats-Unis. Il échoua complètement. — *Pierre Leroux*, disciple de Saint-Simon et fondateur de l'*Ecole humanitaire*, publie en 1838 *L'Egalité*, et en 1840 *L'Humanité* où il ébauche un nouveau système d'organisation sociale et donne l'Evangile de la religion nouvelle. — *Louis Blanc* se fait l'apôtre du *droit au travail*, préconise l'Etat producteur et répartiteur et prépare les fameux ateliers nationaux de 1848. Il a développé ses idées dans son livre *Organisation du Travail*. — *Proudhon* a combattu avec une inégale véhémence la propriété individuelle et les utopies socialistes. La célèbre formule : « la propriété c'est le vol » est de lui. Il clôt la liste de ceux que Benoit Malon appelle « les socialistes idéalistes précurseurs immédiats du socialisme moderne (2). »

3° *Période contemporaine du socialisme.* — Pendant cette

(1) Des disciples ont essayé de mettre en pratique les idées de Fourier. Des phalanstères nombreux ont été tentés ; ils n'ont pas mieux réussi que celui qui avait été ouvert par Fourier, à Condé-sur-Vègre. M. Godin a fait, à Guise, une nouvelle expérience, il a ouvert un familistère qui a donné quelques résultats heureux au milieu de bien des mécomptes.

(2) A côté des Saints-Simoniens *Barrault*, *Michel Chevalier*, *Hip. Carnot* et des Fouriéristes *Considérant*, *Toussenel*, *Victor Meunier*, *Barrier*, il faudrait encore citer *Bucher*, fondateur de l'école catholico-conventionnelle, et *Pecqueur*, qui, dès 1836, posait les fondements du collectivisme moderne.

période, qui comprend la seconde partie du siècle qui finit, le socialisme collectiviste s'est constitué et a fait des progrès alarmants. Il compte de nombreux adeptes dans tous les pays de l'Europe, il gagne du terrain en Amérique, et les masses populaires vont de toute part à lui dans un ébranlement qui doit faire réfléchir. C'est en Allemagne et en France qu'il s'est développé davantage, nous l'étudierons donc brièvement dans ces deux pays, pour les autres nous renvoyons au beau livre de M. l'abbé Winterer : *Le Socialisme contemporain*.

a) *En Allemagne*. *Rodbertus Jagetzow* (1805-1875), ancien ministre de l'Instruction publique en Prusse, pose, en s'inspirant de Ricardo, les premiers fondements du socialisme scientifique. — *Ferdinand Lassalle* (1825-1864) vulgarise les idées de Rodbertus auxquelles il joint celles de Louis Blanc et de Proudhon, il organise une formidable agitation ouvrière, fonde l'*Association des ouvriers allemands*, tend surtout aux résultats pratiques, recommande les réformes possibles et les solutions pacifiques, il peut être considéré comme le père du Possibilisme. C'est lui qui a formulé la loi d'airain. — *Karl Marx* (1818-1883) est le grand docteur du collectivisme. Son livre *Le Capital* a été traduit dans toutes les langues et constitue le bréviaire de tout vrai socialiste. Il a contribué à l'infiltration des idées collectivistes non seulement par ses écrits, mais encore par ses actes. Dès 1847 il avait jeté au prolétariat le cri : « Prolétaires de tous les pays, unissez-vous » ; Il travaille ensuite à créer l'*Internationale*, ou *Association internationale des ouvriers*, qui est définitivement constituée en 1866 et joue dès lors un rôle si considérable dans la question sociale. Karl Marx est l'inventeur du socialisme évolutionniste, il ne croit pas à l'efficacité des moyens pacifiques, il est pour les procédés révolutionnaires. — *Frédéric Engels*, disciple et collaborateur de Marx, précise le système du maître et *Albert Schäffle* résume les doctrines de l'école marxiste dans sa *Quintessence du socialisme*. — Le socialisme allemand est solidement organisé, il a à sa tête les hommes de valeur qui s'appellent *Bebel*, *Liebknecht*, *de Vollmar*, *Werner*, *Grillenberger*, *Hasselmann*. Il a arrêté son programme d'abord au Congrès de Gotha en 1875, puis à celui d'Erfurt en 1891. Il se divise en deux partis : l'*Association générale des travailleurs*, qui, fondée par Lassalle, a des tendances modérées ; Wolmar en est le chef ; et l'*Association démocratique des tra-*

vailleurs, où l'on s'inspire des idées de Marx et où l'on préconise les moyens révolutionnaires : Bebel et Liebknecht sont à son aile droite, Werner avec les jeunes à l'aile gauche (1).

b) *En France*. Le parti collectiviste s'est formé en France avec les débris de l'Internationale, il est moins puissamment organisé qu'en Allemagne, il gagne malgré tout du terrain. Il est arrivé à faire entrer à la Chambre une cinquantaine de ses partisans et à s'emparer d'un nombre relativement considérable de municipalités. Il se livre à une ardente propagande. Il a emprunté ses principes aux théoriciens d'Outre-Rhin. Il se divise en diverses écoles ; depuis le Congrès ouvrier tenu à Saint-Etienne en 1882, les socialistes français de toute nuance ont été compris sous les cinq dénominations suivantes :

1° Le parti de l'*Alliance socialiste républicaine* ou *blanquistes*.

2° Le parti *ouvrier français* ou *marxistes*, avec Jules Guesde, Lafargue, Vaillant, Chauvin, etc.

3° Le parti *ouvrier socialiste révolutionnaire français*, ou *possibilistes*, avec Benoit Malon.

Brousse, Allemane, Chabert, Lavy et la rédaction de la *Revue socialiste*.

Les Possibilistes se subdivisent en Broussistes et en Allemanistes.

4° *Le parti des socialistes indépendants*, avec Jaurès, Rouanet, Millerand, Viviani, etc.

5° *Le parti des anarchistes*, avec Sébastien Faure et d'autres nombreux compagnons.

Au fond, il n'y a que deux grandes fractions ; les *Révolutionnaires* ayant à leur tête *Jules Guesde* ; les *Possibilistes*, ou *Réformistes*, fondés par *Benoit Malon* et aujourd'hui conduite par *Brousse* et *Allemane*. Les Possibilistes sont plus nombreux à Paris, les Révolutionnaires en province.

(1) Le socialisme collectiviste a fait de grands progrès en Allemagne. Il inquiète les hommes d'Etat. Les élections de 1893 ont montré l'existence d'au moins 1 800 000 électeurs socialistes. Depuis lors le nombre s'est accru. Le parti socialiste allemand a près de cent journaux dont une quinzaine de quotidiens. Le plus considérable, le *Vorwärts*, a près de 50 000 abonnés.

III. — Du socialisme agraire.

I. Exposé des doctrines. 1° *Cause du mal dont souffre la société.* — Les socialistes agraires sont convaincus que ce mal n'a qu'une cause : l'existence de la *propriété foncière privée.* « Le progrès moderne, disent-ils, ne nous a point apporté le bonheur si désiré. Cela résulte des interminables gémissements poussés par l'univers entier sur la ruine de l'industrie et la pauvreté du peuple. D'où vient cet état de choses ? La situation est la même chez toutes les nations civilisées, cela prouve qu'elle a une cause commune et universelle. Or, cette cause ne peut pas être le défaut d'argent, ni l'excès de population, ni la parcimonie de la nature, mais la *rente foncière,* autrement dit, la *propriété foncière privée* et les nombreuses spéculations qu'elle entraîne. En effet, plus la somme des nouvelles richesses augmente à la suite du progrès, plus aussi est grande la part qui revient à la rente foncière, elle absorbe tout et réduit à rien la part du capital et du travail... Voilà la cause du mal social, de l'inégalité sociale, des énormes fortunes à côté de la plus profonde misère ; car la terre est nécessaire à l'exercice du travail dans la production de la richesse ; être maître de la terre, c'est être maître de tous les fruits du travail, sauf de ceux qui permettent au travail d'exister (1). »

2° *Remède au mal social.* — Pour guérir la société il n'y a qu'un remède, mais ce remède est infaillible : supprimer d'un bout à l'autre la propriété foncière privée, « We must make land common property (2) ». Pour extirper la pauvreté, dit Henry George, pour faire que les salaires soient ce que la justice demande, c'est-à-dire le gain complet du travailleur, nous devons donc substituer à la propriété individuelle de la terre la propriété commune. Aucun autre moyen n'atteindra la cause du mal, aucun autre n'offre des chances de succès. Celui-là est simple et souverain, il élèvera les salaires, augmentera les profits du capital, détruira le paupérisme, donnera un emploi rémunérateur à celui qui le désirera,

(1) Henry George — *Progress and poverty.*
(2) — *Ibid.*

fournira libre carrière aux facultés humaines et portera la civilisation à sa plus haute perfection. — Les socialistes agraires ne demandent pas la suppression de toute propriété privée, ils laissent subsister la propriété mobilière et la propriété industrielle, ils ne réclament que la suppression totale de la *propriété foncière* individuelle. Ils veulent l'Etat landlord universel.

3° *Moyens d'arriver à cette suppression.* — Tous les socialistes agraires sont d'accord pour soutenir que les propriétaires du sol le détiennent injustement et qu'il est nécessaire que la terre fasse retour à l'Etat. L'entente n'est plus la même quand il faut indiquer la façon dont se fera ce retour. Certains sont pour la dépossession des propriétaires actuels, d'autres pour la non dépossession. — Ceux qui veulent la dépossession demandent les uns que l'Etat reprenne immédiatement et sans accorder aucune indemnité des biens qui sont à lui et qu'on a usurpés ; les autres qu'il les reprenne immédiatement, mais en dédommageant ceux qui les détiennent, l'indemnité serait représentée par une inscription sur le grand livre de la dette nationale ; d'autres enfin qu'il les reprenne sans indemnité, mais seulement au fur et à mesure où se produira le décès de chaque propriétaire. Lorsque l'Etat sera ainsi devenu maître de tout le sol, il le louera par parcelles aux particuliers pour un temps plus ou moins long, les sommes qu'il retirera seront plus que suffisantes pour faire face à toutes ses charges ; il n'y aura pas d'autre impôt. — Ceux qui sont partisans de la non dépossession disent avec Henry George : « Nous ne proposons, ni de confisquer, ni d'acheter la propriété privée de la terre. L'un serait injuste, l'autre inutile. Que les individus qui maintenant possèdent, conservent, si cela leur plaît, la possession de ce qu'ils appellent *leur terre* ; qu'ils continuent à l'appeler *leur* terre, qu'ils l'achètent ou qu'ils la vendent, qu'ils la lèguent ou qu'ils la divisent, nous pourrons leur laisser l'enveloppe si nous prenons l'amande. Mettons simplement un impôt foncier qui soit l'équivalent *d'un vrai prix de louage*. Il n'est pas nécessaire de confisquer la terre, il suffit de confisquer la rente. » Rien ne serait par conséquent changé au système actuel, si ce n'est que l'impôt foncier serait rendu beaucoup plus lourd et remplacerait tous les autres impôts.

II. Précis historique. — Dès 1826 *Bernardino Rivadavia*, président socialiste de la République Argentine, proposait, pour le sol, la seule possession emphythéotique. L'Etat unique propriétaire de la terre devait confier, moyennant redevances fixées tous les dix ans, les diverses parties du sol à des fermiers dont les contributions constitueraient les revenus sociaux. — Cette théorie a été reprise par les agrariens de l'Amérique du nord avec *Devyr*. Elle a été partiellement soutenue par *Colins* qui, à partir de 1850, préconisa l'appropriation collective du sol et d'une partie des capitaux. Il voulait que l'on procédât par voie de rachat, le rachat étant rendu possible par un gros impôt sur le revenu. La forme de propriété qu'il rêvait n'était pas sans analogie avec *l'ager publicus* concédé des Romains et les *domaines engagés de notre ancienne monarchie*. — Mais le grand apôtre et le grand théoricien du socialisme agraire c'est, sans contredit, l'Américain *Henry George*. Il a exposé ses idées dès 1879 dans : *Progrès et Pauvreté*, et plus tard dans *Question agraire* et *Lettre ouverte à Léon XIII sur la condition des ouvriers*. Ces ouvrages, généralement très modérés dans la forme, sont vigoureusement pensés, ils mettent en pleine lumière toutes les objections que l'on peut faire contre la propriété foncière privée. Ils ont exercé une action considérable aux Etats-Unis, pays qui est devenu la terre classique du socialisme agraire. Depuis longtemps il y est prêché et y compte de nombreux adeptes. Il en compte aussi beaucoup en Irlande, en Australie et dans d'autres colonies anglaises. *Flürscheim* l'a popularisé dans certains quartiers de la Westphalie. Parmi les adversaires de la propriété foncière privée on peut citer encore *Herbert Spencer*, au moins dans son livre *La statistique sociale ; Emile de Laveleye* dans son ouvrage : *La propriété foncière et ses formes primitives ; Wallace ; Mac. Glinn*, *Dawson*, *Hertzka*, *Stout* et *Syme*.

IV. — Socialisme d'Etat

I. Exposé des doctrines. 1° *Cause du malaise social*. — Pour les socialistes d'Etat la cause du mal dont souffre notre société ne réside ni dans la propriété privée, ni dans un trop large exercice de l'initiative individuelle. Ils ne demandent en conséquence ni la suppression de l'une, ni l'étranglement de l'autre. Ils se déclarent profondément respectueux des institutions qui existent, permettent de posséder en propre meubles et immeubles, reconnaissent à tous le droit de disposer à leur gré de leurs biens et accordent théoriquement à chacun la faculté de régler sa production à sa guise. En cela ils se distinguent des autres socialistes.

D'après eux le mal vient de deux sources : — de *l'individualisme*, qui a isolé l'ouvrier et l'a laissé sans défense ; — et de *l'inégalité des conditions*, qui fait que les uns ont tout et attirent tout, tandis que les autres manquent même du nécessaire et sont mis dans l'impossibilité de jamais arriver non seulement à la fortune mais même à une modeste aisance. Il faut donc assurer au prolétariat une protection et prendre des mesures sinon pour supprimer immédiatement l'inégalité des conditions, ce qui n'est pas moralement réalisable, au moins pour la corriger et pour en atténuer les inconvénients. C'est à l'Etat que revient ce rôle. L'Etat n'est-il pas, en effet, la puissance supérieure qui, dans sa forme écrite, la loi, et dans sa forme exécutive, le gouvernement, peut mieux qu'aucune autre intervenir avec autorité au nom des intérêts sociaux ? N'est-il pas le tuteur et le défenseur-né du faible ? N'a-t-il pas le pouvoir nécessaire pour établir des lois qui ramènent un peu d'égalité parmi les hommes ? Sa mission enfin n'est-elle pas de veiller au bien-être de tous et de s'opposer à ce que les jouissances soient monopolisées au profit de quelques privilégiés ? Lui seul peut dénouer la situation.

Les socialistes de cette école soutiennent que la fonction de l'Etat dans une société est analogue à celle du cerveau dans l'organisme humain. Il doit être par excellence l'appareil de coordination et de direction. Les individus sont, vis-à-vis de l'Etat, dans cette situation tout-à-fait inférieure où se trouvent, dans notre corps, les organes spéciaux de nutrition ou de relation par rapport au cerveau. Toute impulsion et tout mouvement viennent de lui ; il centralise tout, par conséquent il doit tout diriger et veiller au jeu régulier de tous les membres (1).

(1) Ces théoriciens, allemands pour la plupart, oublient, comme le fait remarquer P. Leroy-Beaulieu, qu' « il n'y a aucune similitude à établir entre les cellules du corps humain qui n'ont qu'une vie végétative ou mécanique et les individus qui sont susceptibles d'intelligence, de moralité et

2° *Remèdes au malaise social.* — Les socialistes d'Etat n'ont pas, en matière sociale, la prétention de résoudre complètement le problème, d'anéantir totalement les inégalités en faisant table rase de ce qui existe et en organisant un milieu nouveau. Ils se prétendent plus *pratiques* que les théoriciens du collectivisme ou de l'économie politique, ils assurent qu'au moyen du seul intermédiaire « Etat » il est possible d'arriver à une protection suffisante de l'ouvrier ainsi qu'à une diminution acceptable de l'inégalité des conditions. Pour permettre à l'Etat de remplir cette tâche délicate ils entassent entre ses mains droits, attributions et monopoles de toute sorte. Ils veulent qu'il puisse intervenir dans les relations du capital et du travail afin de sauvegarder les intérêts du faible ; ils lui confient le plus qu'ils peuvent de services, en transformant progressivement les services privés en services publics ; ils le chargent de faire face à une infinité de besoins ; ils lui demandent de prendre à son compte une partie de l'industrie et de réglementer celle qu'il laisse à l'initiative privée, afin d'empêcher les abus ; ils le transforment, en un mot, en une sorte de Providence universelle ayant mission de pourvoir à toutes les misères, de prévenir toutes les injustices, d'enseigner toute vérité et toute science, de châtier toutes les fautes, de redresser tous les torts, de fournir à chacun ce dont il a besoin, de ramener sur la terre le règne de l'équité, de la paix,

de liberté. Dans le corps humain, le système nerveux et particulièrement le cerveau, qui en est l'expression suprême, est le seul centre de la volonté et de la pensée ; le pied ni la main ne pensent, ni ne veulent. Dans une société, tout individu peut être aussi bien doué de pensée, de moralité, de prévoyance, que l'Etat. L'Etat est un organisme qui est mis dans la main de certains hommes ; il ne pense pas et il ne veut pas par lui-même ; il ne pense et il ne veut que par la pensée et la volonté des hommes qui, successivement, parlent et veulent en son nom. Or, les hommes qui détiennent les pouvoirs publics n'ont, sur les autres hommes, aucune supériorité innée ou inculquée par la profession même. L'Etat, surtout sous un régime de pouvoirs publics à délégation brève, fréquemment renouvelable, voudra ce que voudront les individus qui se succèdent dans les assemblées législatives ou au gouvernement. La faillibilité de l'Etat est donc aussi certaine et aussi démontrée par l'histoire que la faillibilité des individus. » *Précis d'économie politique*, p. 353.

de la vertu et de la prospérité. Ils le font empiéter gravement sur le domaine de l'activité personnelle et l'investissent des attributions qui appartiennent naturellement aux individus ou à la famille.

Le Programme des socialistes d'Etat comprend les points suivants.

a) *La création d'une législation ouvrière*, comportant entre autres choses : la réduction des heures de travail, la fixation d'un salaire minimum, l'attribution aux patrons de la responsabilité dans presque tous les cas d'accidents, l'obligation pour les entrepreneurs et les chefs d'industrie d'assurer leurs ouvriers.

b) *La nationalisation des banques a privilège et l'institution d'établissements de crédit par l'Etat.* L'Etat deviendrait ainsi banquier, il prêterait aux particuliers à un taux inférieur au taux actuel ; il ferait des avances de fonds aux associations agricoles et aux syndicats ouvriers sans leur demander d'intérêt ; il viendrait en aide à la petite industrie aux heures de crise ; il recevrait des dépôts qu'il ferait fructifier. Il porterait de la sorte un coup heureux à la haute finance devant laquelle tout doit aujourd'hui s'incliner. Devenu prêteur public, l'Etat serait représenté par des employés chargés d'apprécier la solvabilité des solliciteurs.

c) *La dévolution à l'Etat des assurances en cas d'accident et des Caisses de retraites.* L'Etat ne serait pas seulement législateur et banquier, il deviendrait encore assureur. Jusqu'ici ce soin a été laissé à des sociétés privées; à l'avenir, c'est dans les caisses de l'Etat que seraient versées les primes, et en cas d'accident, de chômage, de maladie, d'infirmité ou de vieillesse, pour un ouvrier, l'Etat aurait à lui payer la somme fixée par la police d'assurance. Le montant des primes annuelles serait fourni, partie par le patron, partie par l'ouvrier, partie par l'Etat, comme la chose existe déjà en Allemagne (1).

(1) En 1850, a été établie, en France, la *Caisse des retraites pour la vieillesse*, ses bases ont dû être modifiées en 1886. Peu d'ouvriers ont fait à cette institution des dépôts directs. Ce sont les sociétés de secours mutuels, les grandes compagnies et les grandes entreprises qui versent à cette Caisse. On en a tiré cette conclusion, qu'il serait nécessaire de faire intervenir l'Etat, non seulement comme administrateur chargé de capitaliser les fonds versés et de diriger les opé-

d) *La prise de possession par l'Etat des mines, des chemins de fer, des télégraphes, des moyens de transport et d'autres services encore.* L'Etat serait entrepreneur comme assureur et banquier. Il pourrait de la sorte, « en réglant la production suivant un plan général et conformément aux besoins des consommateurs pris dans leur ensemble », prévenir les chômages et garantir aux travailleurs un salaire régulier. La plupart de ces travailleurs étant ses employés, rien ne lui serait plus facile que de leur donner des journées qui leur permettent de vivre convenablement; pour cela, il n'aurait qu'à puiser dans les revenus publics.

e) *L'extension indéfinie de l'Assistance publique.* L'assistance deviendrait un droit pour tous ceux qui sont dans le besoin. L'Etat serait tenu de venir en aide et de fournir le logement, la nourriture, les habits, les soins, tout ce qui constitue une honnête hospitalisation aux vieillards indigents, aux infirmes sans ressources et aux enfants abandonnés.

Pour faire face aux charges énormes que créeraient à l'Etat les multiples obligations qui lui seraient ainsi imposées : obligation d'assister les malheureux, obligation de fournir de larges salaires à ses innombrables employés ; obligation d'assurer à tous, à bas prix, les transports et les autres services publics ; obligation de contribuer à la fondation et à l'entretien des caisses de retraites ; obligation de servir de bons intérêts à la petite épargne pour les fonds qu'elle lui confierait; obligation de faire des avances d'argent aux syndicats et aux corps de métier; pour faire face aux charges créées par tant d'obligations les socialistes d'Etat recourent à l'*augmentation des impôts.* Ils ne considèrent pas l'impôt seulement comme une contribution levée dans le but d'assurer l'exercice des attributions nécessaires de l'Etat (justice, police, défense du territoire, travaux publics, etc.) ; ils le considèrent en outre comme un moyen de corriger, dans certaines limites, l'inégalité des conditions. En le faisant peser progressif et très lourd sur le revenu, on peut prélever sur les riches ce qui doit servir à améliorer le sort des pauvres, faire vivre le prolétariat sur les biens du capitalisme.

rations, mais encore comme pourvoyeur de la Caisse. C'est lui imposer une charge dont il est difficile de mesurer toute l'étendue.

On peut donc définir le socialisme d'Etat : « une conception dans laquelle l'Etat, le pouvoir central, possède et administre directement toutes les grandes entreprises financières ou industrielles du pays, en dirige toutes les institutions sociales, encaisse toutes les ressources de la nation et pourvoit lui-même, en retour, à tous les besoins moraux et matériels des citoyens, devenant ainsi le caissier et le banquier universel, l'agent général des transports et du commerce, le distributeur exclusif du travail, de la richesse, de l'instruction, des emplois et des secours, en un mot, le moteur et le régularisateur de toute l'activité naturelle » (1).

II. Socialisme d'Etat et interventionnisme. — Entre l'Etat « purement juge et gendarme » des Libéraux et l'Etat « providence universelle » des Etatistes avancés dont nous venons de parler, il y a place pour d'autres conceptions de l'Etat et de son rôle. Sans aller jusqu'à tout centraliser dans les mains de l'Etat et le constituer « le moteur et le régularisateur de toute l'activité naturelle », on peut trouver que c'est beaucoup réduire ses droits et même ses devoirs, que de ne lui reconnaître que des attributions de police. L'Etat a une mission à remplir; il est chargé de maintenir l'ordre, de faire régner la justice, d'assurer le respect des droits de tous, du pauvre comme du riche, de défendre les intérêts du faible, de poursuivre le bien général, de supprimer les abus qui existent et de prévenir ceux qui pourraient s'établir, de s'occuper des misères du corps social. De pareilles obligations lui donnent incontestablement le droit d'intervenir dans les rapports des particuliers et même de pénétrer jusque dans le sanctuaire du foyer domestique toutes les fois que l'intérêt public l'exige. Il peut apporter une utile contribution à la solution de la crise économique.

On donne le nom d'*interventionnistes* à ceux qui demandent à l'Etat de sortir du rôle amoindri que lui a assigné le Libéralisme et d'intervenir, dans la Question sociale, d'une façon vraiment active. Ils ne voient pas tous en lui le sauveur depuis si longtemps attendu, mais tous réclament son concours et considèrent son intervention comme indispensable, au moins à l'heure actuelle, pour protéger efficacement les droits du pro-

(1) De Mun. — *Quelques mots d'explication*, p. 23.

létariat. Ceux qui soutiennent ces doctrines ne sont pas nécessairement des socialistes de l'Etat. Ce qui constitue le Socialisme d'Etat, c'est l'empiètement *exagéré, injustifié et progressif* des pouvoirs civils sur le domaine privé. Ils accaparent sans utilité toutes les fonctions et tous les services, ils gênent l'initiative privée dans son exercice normal et se substituent peu à peu à l'individu ou à la famille dans les attributions qui leur appartiennent dans les vues de Dieu. Beaucoup d'interventionnistes, nous le reconnaissons volontiers, vont trop loin et tombent dans le Socialisme d'Etat. Ils deviennent plus ou moins Etatolâtres; mais ce n'est pas l'être, que de demander à l'Etat de remplir les devoirs qui lui viennent de la nature et de lui reconnaître les droits, dont il a besoin, pour s'acquitter convenablement de ses obligations. Un grand nombre de catholiques sont, avec Léon XIII, partisans convaincus de l'interventionnisme et cependant nul plus qu'eux ne répudie les doctrines du socialisme, du socialisme d'Etat aussi bien que du socialisme collectiviste. La meilleure preuve qu'Interventionnisme et Socialisme d'Etat ne sont point termes synonymes, c'est que les plus intransigeants des Libéraux, après leur maître Adam Smith, reconnaissent qu'il y a des circonstances où l'Etat peut et doit intervenir dans l'ordre économique (1).

III. Socialisme d'État et socialisme collectiviste. — Malgré le respect qu'il affecte pour le droit de propriété privée et le soin qu'il met à se défendre de toute parenté avec les autres socialismes, le Socialisme d'État conduit aux mêmes résultats que le Collectivisme. Il tend à la nationalisation lente des moyens de production et à la dépossession des particuliers, non par une spoliation violente, mais par un dépouillement presque insensible opéré grâce à un système d'impôts devenant tous les ans plus lourds. Quand l'Etat se sera fait le

(1) Adam Smith, après avoir dit que l'Etat doit défendre la société de tout acte de violence et protéger chaque membre de la société contre l'injustice ou l'oppression de tout autre membre, ajoute: « Un autre devoir, c'est d'ériger certaines entreprises ou certaines institutions que les intérêts privés d'un particulier, ou de quelques particuliers, ne pourraient jamais les porter à ériger, parce que jamais le profit n'en rembourserait la dépense... » *Richesse des nations* II, p. 338.

pourvoyeur des besoins privés, comme on le lui demande, les dépenses publiques seront colossalement élevées. On prendra aux contribuables une part toujours croissante des fruits de leur propriété ou des fruits de leur travail. Le jour viendrait donc où l'impôt, au lieu de rester le prix de services rendus par l'État, serait en fait la spoliation d'une propriété, que l'on déclare cependant intangible et sainte. On la respecte dans les mots, mais on arrive fatalement à sa suppression.

Cette main-mise progressive de l'Etat sur tous les services qui, par leur nature, touchent aux services publics proprement dits, prépare peu à peu la socialisation de tous les autres services, la nationalisation des grandes industries et ouvre les voies à l'évolution vers le collectivisme.

Les vrais Possibilistes et les Socialistes d'Etat ne diffèrent guère que par l'étiquette. Quand on analyse leurs doctrines, on s'aperçoit qu'elles se ressemblent presque jusqu'à se confondre. Elles se distinguent par des nuances à peine perceptibles au point de vue pratique, et si au point de vue théorique les principes ne paraissent pas les mêmes, les conséquences auxquelles ils conduisent sont identiques. Cependant parmi les Socialistes d'Etat tous ne vont pas également loin ; il y a, parmi eux, des catégories nombreuses. Plusieurs se contentent d'un programme dont ne se contenteraient pas des Réformistes même très modérés.

IV. Précis historique. — Le socialisme d'Etat est d'origine allemande. C'est dans les pays d'Outre-Rhin qu'il est né, qu'il s'est développé et qu'il compte encore aujourd'hui ses plus nombreux partisans. La route lui a été frayée par les théories philosophiques d'Hégel, et ce qui a assuré son succès, c'est qu'il s'harmonise merveilleusement avec le génie du peuple allemand (1).

(1) « Chose remarquable, disait le député juif *Bamberger*, les idées socialistes n'ont trouvé nulle part plus d'accueil qu'en Allemagne.. Cela tient au caractère spéculatif de la nation. Non seulement elles entraînent presque tous les ouvriers, mais la bourgeoisie elle-même n'y résiste pas. Le socialisme a pénétré dans les classes supérieures, il siège dans les académies, il monte dans les chaires des Universités et ce sont des savants qui ont donné le mot d'ordre que répètent maintenant les associations ouvrières ; ce sont des savants qui ont attaqué le mammonisme et qui ont déploré les abus du capitalisme. »

Il s'est affirmé et dans l'ordre des idées et dans l'ordre des faits. Il a trouvé des hommes d'étude pour le concevoir et le défendre, et des hommes d'État pour essayer de l'appliquer.

Il est issu, à la fois, des théories de Lassalle et des doctrines de l'École historique allemande, école née d'une réaction contre l'individualisme absolu de l'École libérale. Il a été vulgarisé par les *socialistes conservateurs* et par les *socialistes de la chaire.*

1° Les *socialistes conservateurs* ou *royalistes socialistes*, ayant à leur tête *Rudolf Meyer*, *Von Gerlach*, *Wagener*, demandent au souverain de revenir aux antiques traditions de la monarchie en prenant en mains la cause des ouvriers et des pauvres. « L'institution monarchique, écrivait, en 1863, *Hermann Wagener*, l'ami de Bismarck, ne peut avoir un avenir assuré que si elle se montre la protectrice des malheureux. La royauté doit replonger ses racines dans la terre profonde des masses populaires. La monarchie de l'avenir sera la *royauté socialiste* ou elle cessera d'exister. » L'organisation du travail, la protection du faible, la réglementation des salaires, l'assistance de la misère relèvent du prince.

2° Les *Socialistes de la chaire* ou *cathédrants*, ainsi appelés parce qu'ils sont pour la plupart professeurs et enseignent leurs doctrines dans des chaires d'Université, croient que l'équité ne préside pas suffisamment à la répartition de la richesse ; l'ouvrier est souvent lésé, il manque de moyens efficaces pour défendre ses droits, il faut que l'État intervienne. Seul il a les pouvoirs nécessaires pour imposer l'ordre et la justice. Quelques-uns, comme *Wagner*, vont jusqu'à lui livrer la réglementation de la propriété privée, de la production et de la répartition des richesses. — Les plus connus des socialistes de la chaire sont *Roscher*, *Hildebrandt*, *Schmoller*, *Masse*, *Knies*, *Conrad*, *Brentano*, *Schönberg* et *Adolphe Wagner*, professeur à l'université de Berlin et l'oracle du Conseil économique créé par l'empereur Guillaume Ier. Ils se réunirent, une première fois, en congrès à Eisenach, afin de se concerter sur les moyens à prendre pour mener à bien la tâche qu'ils se sont imposée : jeter un pont entre le socialisme et l'économie politique. Ils ont de très nombreux points de rapport avec l'école lassalléenne.

En *Allemagne*, *Bismarck* s'est chargé de faire passer dans la pratique un certain nombre des principes der cathédrants, il peut être considéré comme le type du socialiste conservateur.

Elevé dans les doctrines de l'Ecole orthodoxe, jeune encore il connut Lassalle et l'honora, sinon de son amitié, au moins de ses sympathies et de son appui. Il étudia ses idées et, dès 1871, pour unir l'Empire aux classes populaires et arracher les ouvriers au socialisme révolutionnaire, il entra dans la voie des réformes sociales opérées par l'Etat. On racheta les chemins de fer en Prusse, on vota des lois sur l'assurance obligatoire des ouvriers contre la maladie et le chômage, on mit la plus grande partie des primes à la charge des patrons, on décida la coopération de l'Etat dans la constitution des caisses de retraites, on inaugura cette politique sociale qui, aujourd'hui encore, est suivie par Guillaume II. Cette politique a un certain caractère chrétien, car ses promoteurs sont pour la plupart des protestants piétistes, comme l'empereur.

En *France*, un essai d'assurance agricole, à forme de socialisme d'Etat, fut fait sous l'influence de Napoléon III, — (ce qui a valu à celui-ci d'être considéré par plusieurs comme le promoteur du socialisme d'Etat) — ; elle échoua complètement. Pendant longtemps le crédit que l'économie politique libérale a gardé chez nous, a barré la route au Socialisme d'Etat, mais les idées allemandes se sont peu à peu infiltrées dans notre pays et, à l'heure actuelle, on constate dans beaucoup d'esprits la tendance à exagérer le rôle des pouvoirs civils. On croit, par un ensemble de concessions progressives, désarmer les revendications du Socialisme collectiviste, et l'on arrive simplement à lui frayer les voies. Nous marchons, nous aussi, à grands pas vers le socialisme d'Etat, il a fait, durant ces dernières années, de grands progrès dans l'ordre des idées et de bien plus considérables encore dans l'ordre des faits.

En *Angleterre*, si on excepte la tentative de Gladstone dans la question agraire, on ne rencontre pas trace de manifestation du Socialisme d'Etat. Il ne cadre pas avec le tempérament anglo-saxon. Au lieu de les demander à l'Etat, les Anglais ont préféré demander au groupement professionnel et à l'association, la force et la protection dont ils ont besoin.

III

ÉCOLE CATHOLIQUE

I. — Exposé des doctrines (1).

1° *Causes du malaise social.* — L'École catholique, au moins dans sa fraction moyenne, dans celle qui paraît s'inspirer davantage des récents enseignements de Léon XIII et des vieilles traditions de l'Eglise, se sépare nettement de l'Ecole libérale en ce qui concerne l'existence, la gravité et l'étendue de la crise sociale. Elle ne pense pas ni que la plupart des maux, dont se plaint le prolétariat, soient imaginaires, ni que ceux qui sont réels soient peu graves, ni qu'il faille les considérer comme nécessaires et qu'on ne doive rien faire pour essayer de les adoucir. Elle ne croit pas davantage que le régime économique, dont nous jouissons, soit le régime idéal et que, par conséquent, essayer de le modifier constitue une entreprise sacrilège. Sans aller aussi

(1) Parmi les catholiques, il existe sur la question sociale de grandes divergences de vue, comme il sera indiqué plus tard ; mais ils s'accordent tous pour désirer l'amélioration du sort des pauvres, promouvoir l'exacte observation de la justice et de la charité, procurer la diffusion des principes de l'Evangile et reconnaître le besoin de s'inspirer, dans des matières aussi délicates, des enseignements de l'Eglise. Si nous exposons les théories de la fraction moyenne c'est parce que nous les croyons plus conformes aux directions pontificales, mais nous sommes loin de considérer comme des adversaires ceux qui appartiennent à une autre fraction du parti catholique social.

loin que les socialistes, elle reconnaît que le régime actuel est par bien des côtés défectueux, que des abus criants se sont produits, que dans beaucoup de cas la misère des ouvriers a été imméritée, que la part faite au travail dans la distribution des bénéfices a été souvent réduite d'une manière coupable, que l'organisation sociale demande à être promptement revisée et améliorée, que nous souffrons d'un mal profond, que ce mal a des causes qu'il faut supprimer le plus promptement possible, que l'ouvrier manque de moyens de défense, que la liberté du contrat n'est pas suffisamment garantie au travailleur, que la vie de famille, que le développement physique, moral ou religieux, sont dans trop de cas contrariés par les exigences du régime industriel moderne et que, par suite, une réforme prompte, sérieuse, équitable, s'impose absolument. Les maux qui existent ne sont pas des maux incurables; plusieurs peuvent être guéris, d'autres adoucis et rendus tolérables. Pour cela, il n'est pas indispensable de recourir à un bouleversement complet de tout ce qui existe, à une destruction de fond en comble de l'organisation sociale actuelle pour édifier sur ses ruines un ordre de choses reposant sur des assises toutes différentes. Il est possible de garder le cadre présent et d'améliorer l'institution, en supprimant les principales causes qui ont occasionné la crise.

On peut ramener à trois les causes de cette crise, qui est caractérisée par la concentration de presque tous les capitaux en quelques mains, la misère d'une très grande partie de la classe laborieuse, l'antagonisme croissant des ouvriers et des patrons. Ces causes sont :

a) *L'affaiblissement du sentiment religieux*, qui a entraîné, après lui, l'oubli chez les uns des devoirs de justice et de charité, chez les autres des obligations de respect, de dépendance et de fidélité.

b) *La rupture des vieux cadres sociaux*, par la suppression du régime corporatif, sur lequel reposait l'ancienne société industrielle. Ce régime, au moins tel qu'il a fonctionné pendant tout le Moyen Age, présentait des avantages inestimables. On l'a aboli sans lui rien substituer. On a ainsi provoqué une rupture d'équilibre et jeté la perturbation dans le monde du travail. A l'association, si féconde en heureux résultats, ont succédé la liberté à outrance et l'individualisme avec leur cortège d'exploitations, d'abus et de misères.

c) *L'introduction d'un mode nouveau de production :* la grande industrie et la concurrence illimitée. Le développement du machinisme, coïncidant avec l'avènement de la liberté économique absolue, a encore accru le désarroi et puissamment contribué à augmenter la gravité de la crise. La petite production de l'atelier était éminemment favorable au maintien de la paix sociale.

Au sein de la Corporation, l'artisan s'assurait une protection efficace en renonçant à une liberté illimitée. Le principe de solidarité réglait les rapports des membres d'un même groupe professionnel. La lutte pour la vie, avec son cortège de noires souffrances, n'existait pas encore ; on adoucissait, par une sage réglementation, le jeu de la concurrence afin d'assurer à chacun une rémunération normale de ses efforts. « Vivre et laisser vivre » était la formule autrefois en honneur. De nos jours, les industriels cherchent à s'évincer mutuellement du marché, ils se traitent en rivaux, presqu'en adversaires, ils se font une concurrence acharnée sous laquelle ils succombent souvent. Avec de pareils procédés, il n'y a pas de milieu : c'est la faillite avec ses ruines ou l'enrichissement rapide, colossal, scandaleux.

La production destinée à satisfaire les besoins de la consommation locale garantissait mieux la stabilité de l'industrie. Les crises de surproduction, l'alternance des périodes d'éclatante prospérité et de brusque dépression étaient inconnues. La fièvre de la spéculation ne troublait pas les conditions du travail.

Les ouvriers, protégés par la coutume et les règlements corporatifs contre les abus patronaux et vivant dans la communauté des mêmes labeurs, avec leurs maîtres, entretenaient avec ceux-ci des relations cordiales, ils se considéraient comme de leur famille. Le compagnonnage et la maîtrise ne représentaient pas deux classes sociales opposées, mais deux étapes successives de l'existence professionnelle.

Tout n'était pas parfait, certainement, même sous ce régime ; mais il assurait la paix et la prospérité dans une large mesure, et c'est parce qu'il a été abandonné, qu'il y a aujourd'hui tant de souffrances dans le monde du travail.

2° *Remèdes au malaise social.* — Ces remèdes, l'Ecole catholique les ramène, comme les causes, à trois :

a) La mise en pratique des principes de l'Evangile.

b) Le retour à l'association.

c) La création d'une législation sociale et le concours modéré de l'Etat.

— a) *La mise en pratique des principes de l'Evangile.* — Si on s'inspirait davantage des doctrines chrétiennes on arriverait à supprimer non pas la totalité, mais pourtant une partie considérable des misères dont souffre notre société. Ce retour aux principes évangéliques s'impose, il n'est pas le remède unique à apporter au mal ; mais c'est un remède nécessaire ; tout ce qu'on tentera en dehors d'une restauration religieuse est à l'avance frappé de stérilité. La crise actuelle est la suite du régime économique qui a prévalu et des injustices sociales qui se sont multipliées. La religion ne peut pas grand chose pour résoudre le problème économique ; mais elle peut beaucoup pour mettre un terme aux injustices sociales et apporter un adoucissement aux misères sous lesquelles plie la classe laborieuse. Elle pose un frein à la cupidité des uns, calme les révoltes des autres, prêche à tous le respect des droits d'autrui, rappelle aux riches et aux pauvres leurs devoirs réciproques, apprend à ceux qui possèdent à faire un bon usage de leurs biens, enseigne à ceux qui n'ont rien le respect de la propriété d'autrui, recommande à tous l'union, la fraternité, le secours mutuel, la charité, l'amour, en un mot, tout ce qui peut rapprocher les classes et empêcher cette conflagration terrible que tout fait redouter (1).

(1) Tout en admettant que l'Eglise et la religion doivent jouer un rôle considérable dans la solution de la question sociale, il nous est impossible de partager l'opinion de Claudio Janet et de dire avec lui : « La question sociale est non pas une question d'organisation économique, mais une question religieuse. Que ce pays redevienne chrétien, l'équilibre social renaîtra. Multiplions les œuvres de conversion, les institutions de propagande ; opérons une nouvelle conquête évangélique des barbares de l'intérieur. L'Eglise seule enseigne les vertus efficaces ; elle seule, garantissant une autre vie à l'ouvrier, le forme à supporter celle-ci. » La question est, au moins, autant d'ordre économique que d'ordre religieux et l'on ne saurait faire un crime à l'ouvrier de désirer, en attendant le bonheur de l'autre monde, d'avoir une petite part aux joies et au bonheur de celui ci.

b) Le retour à l'Association. — On ne mettra un terme au mal, qu'à la double condition d'assurer une protection à l'ouvrier laissé sans appui par l'individualisme et d'arriver à une réglementation du travail qui garantisse des salaires suffisants et réprime la concurrence effrénée que se font les producteurs. L'Association est éminemment apte à produire les deux résultats. — Elle assure à l'ouvrier une protection : groupés, les travailleurs constituent une force avec laquelle le patronat est obligé de compter, ils peuvent efficacement défendre leurs droits, ils sont en état de débattre librement les conditions du contrat de travail et de n'accepter que celles qui leur paraissent équitables. Ils cessent d'être à la merci des patrons, ils traitent avec eux sur le pied d'une véritable égalité. La corporation prenant fait et cause pour ses membres et se solidarisant avec eux, il est beaucoup plus difficile de se permettre impunément à leur égard un déni de justice ou un abus de pouvoir. Si rien n'est plus faible qu'un ouvrier isolé, rien n'est plus fort qu'un ouvrier soutenu par un groupement nombreux; on l'a vu en Angleterre depuis l'établissement des *Trade-Unions* et en Amérique depuis qu'ont été créés les *Knights of labor* (1). — L'Association permet d'arriver à une certaine réglementation du travail. Tous ceux qui exercent la même industrie dans une même ville ou dans une province ne formant qu'une seule corporation, les corporations d'un même pays pouvant aisément se fédéraliser, il est jusqu'à un certain point possible de s'entendre pour arrêter les quantités à produire, fixer les conditions de vente, déterminer le taux des salaires, prendre des mesures pour écarter les surproductions, les crises et les méventes.

Tous les membres de l'Ecole Catholique sont partisans

(1) « L'organisation corporative est le moyen le plus efficace de vaincre la prépondérance du capital et de la machine et de faire servir les avantages de la production moderne à l'ensemble du corps social. Les travailleurs groupés peuvent traiter avec le patron sur le pied d'une véritable égalité. Les conditions du contrat de travail peuvent être librement discutées et acceptées par eux. Les ouvriers cessant de se faire, les uns aux autres, une concurrence acharnée, s'entendront utilement pour obtenir un juste salaire et faire régler humainement la durée du travail et les autres questions les intéressant... » Frantz Hitze. — *La quintessence de la question sociale.*

d'une organisation corporative ; ils reconnaissent généralement qu'on ne peut songer à revenir à la forme d'avant la Révolution et qu'il faut trouver un régime plus large, plus démocratique, s'adaptant mieux à nos mœurs, à nos habitudes, à nos besoins, à notre milieu, aux exigences de la vie moderne et à la situation nouvelle faite à l'industrie. Ce régime, M. de Mun l'a défini : « Un lien *moral* consenti librement entre le patron et ses employés ; un lien *matériel* de propriété commune et inaliénable entre les mêmes ; un lien *coutumier* entre les ateliers de la même profession ainsi institués ; une fonction commune dans l'Etat à la corporation qui réunirait ces trois caractères (1). » Jusqu'ici on n'a encore rien donné de plus précis ; c'est dire que le plan de la nouvelle organisation est loin d'être nettement arrêté, même dans ses grandes lignes. Quelques catholiques se contenteraient des syndicats *séparés* tels qu'ils existent en France depuis la loi de 1884, à la condition toutefois que l'Etat leur reconnaîtrait la personnalité civile et leur donnerait le droit de posséder, et qu'au-dessus du syndicat ouvrier et du syndicat patronal de chaque profession serait établi un conseil mixte composé de délégués de l'un et de l'autre conseil formant comme un tribunal d'arbitrage pour juger les différends. — D'autres réclament des syndicats *mixtes*

(1) « Ce lien moral est le patronage de Le Play, ici pas d'obscurité. Ce lien matériel sera réalisé par l'existence d'un patrimoine corporatif, indivisible, participant à la prospérité de l'entreprise ; mais ne pourra-t-il être conclu qu'avec des hommes ayant fait preuve de capacité professionnelle devant les membres de la corporation ? Ce lien coutumier doit avoir pour conséquence évidemment l'adoption générale de certains procédés de travail et d'un certain taux des salaires ; mais si la concurrence extra-corporative rend cette adoption périlleuse ou ruineuse, se proposera-t-on de supprimer légalement cette concurrence, afin que le lien coutumier conserve toute sa valeur ? Quels privilèges politiques, enfin, récompenseront la fonction reconnue dans l'Etat à la corporation ?

« Voilà dix ans que M. de Mun a donné sa formule, toutes ces questions sont encore à résoudre. On a multiplié les théories du régime corporatif, ou paraît avoir renoncé, pour l'instant, à les faire passer dans la pratique. » Léon Grégoire — *Le Pape, les catholiques*, p. 140.

composés, à la fois, des ouvriers et des patrons. — D'autres, allant plus loin, voudraient une organisation se rapprochant davantage des anciennes corporations. Ils trouvent aux syndicats un caractère de combat trop accentué, ils ne voient guère dans leur institution qu'une arme donnée aux ouvriers pour la lutte.

Une question plus délicate encore et tout aussi controversée est celle de savoir si la Corporation sera *obligatoire* ou *libre*, c'est-à-dire si, après son institution, on aura ou non le droit d'exercer le métier en dehors d'elle. Les deux systèmes ont leurs partisans. Les catholiques allemands, autrichiens et suisses sont généralement pour la corporation obligatoire; la plupart des français sont, au moins jusqu'ici, pour la corporation libre. — « La contrainte, dit l'abbé Franz Hitze, est de l'essence de la corporation; la corporation facultative est un couteau sans lame. L'association de métier doit être investie de pouvoirs assez amples pour faire respecter ses statuts, pour donner naissance à des institutions économiques, que l'initiative individuelle serait impuissante à créer. » Ceux qui partagent la même opinion croient que si la restauration du régime corporatif est nécessaire pour atténuer la prépondérance du capital, la corporation ne saurait être facultative, car cette corporation serait sans force en présence de la concurrence des dissidents. Toutes les décisions qu'elle pourrait prendre seraient lettre morte, si les ouvriers placés hors du cadre de métier refusaient de s'y soumettre. Ils pourraient travailler pour un salaire inférieur au minimum fixé par la corporation et rendre ainsi inefficaces tous les efforts faits pour améliorer le sort de la classe laborieuse. D'ailleurs l'association, dont tous admettent la nécessité, ne s'établira qu'à la condition d'être imposée, car l'esprit d'organisation en corps, propre aux peuples dans la période de formation, s'est presque complètement évaporé quand ils sont parvenus à l'âge de l'épanouissement et de l'individualisme. — Beaucoup de catholiques, tout en reconnaissant les avantages qu'offrirait la corporation *obligatoire*, ne la croient ni *possible*, ni même *désirable*. Ils craignent que, si on contraint tous les ouvriers à entrer dans les cadres du syndicat professionnel, on ne puisse faire du syndicat un foyer d'activité religieuse et qu'il faille lui laisser un caractère neutre et franchement laïque. Ils craignent encore que la corporation obligatoire prépare les voies au socialisme, qu'elle opprime la liberté individuelle et tourne à l'oppression du consommateur, qu'elle crée un régime du travail qui paralyse le progrès et tende à reconstituer des métiers fermés au profit d'artisans privilégiés. Ils désirent donc des associations libres, autonomes, reconnues et protégées par l'Etat, professionnelles et animées par l'esprit chrétien.

c) L'intervention modérée de l'Etat et l'établissement d'une législation sociale. —L'Ecole catholique estime que l'Etat n'a pas seulement pour devoir « de protéger le droit », mais encore « de promouvoir la prospérité publique ». Il est établi pour assurer le bien-être de la société et la société est formée en grande partie de la classe ouvrière, l'Etat doit donc veiller sur elle, prendre en main la défense de ses intérêts et intervenir dans les questions de travail toutes les fois que son bien l'exige. Une certaine intervention de l'Etat dans la vie économique de la société est indispensable tant que les ouvriers n'étant pas réunis en corporation ne seront pas assez forts pour se passer de son appui. « Abandonner la société au conflit des forces égoïstes, c'est, comme dit le P. Liberatore à la fin de son *Traité d'Economie politique*, transporter dans l'industrie l'idée darwinienne de la lutte pour l'existence, lutte où le triomphe est assuré aux plus forts. » Pour résoudre le problème social, l'accord entre le patron et l'ouvrier, le respect des droits réciproques sont nécessaires; mais cet accord et ce respect sont possibles à la condition seulement que l'Etat prête son concours. A l'Etat on demande deux choses : d'exercer sur le monde du travail une *surveillance* qui, sans être inquisitoriale, soit sérieuse et capable d'écarter les abus les plus considérables ; d'élaborer une *législation sociale* qui règle d'une manière équitable les rapports entre patrons et ouvriers.

Cette législation devra porter : — sur la journée maximale pour les ouvriers de la grande industrie ; — sur l'établissement d'un minimum de salaire sans fixation directe par l'Etat ; — sur l'assurance obligatoire établie et administrée par l'initiative individuelle ou coopérative ; — sur le travail des femmes et des enfants ; — sur l'organisation des associations professionnelles ; — sur le repos du dimanche ; — sur la réglementation des sociétés anonymes, etc.

d) La décentralisation administrative et la représenta-

tion professionnelle. — Aux trois remèdes déjà indiqués, un certain nombre de catholiques voudraient qu'on en ajoutât un quatrième, d'ordre plutôt politique : la substitution de la représentation professionnelle rendue possible par l'établissement du régime corporatif, à la représentation actuelle issue du suffrage universel et ne donnant que des députés qui ne représentent ni le droit, ni la science, ni la bourgeoisie, ni les classes ouvrières, ni le capital, ni la propriété, ni le travail, ni les intérêts économiques, agricoles et sociaux, mais seulement des courants variables d'opinions et d'idées. Chaque profession nommerait ses députés, et ceux-là seuls pourraient prendre part au vote qui feraient partie de la corporation. Parmi les partisans de la représentation professionnelle beaucoup voudraient qu'on ne substituât pas cette représentation chargée d'étudier et de défendre les intérêts corporatifs à la représentation politique chargée de sauvegarder l'intérêt collectif et permanent, ni même qu'on les fusionnât. Ils désireraient deux représentations distinctes, l'une purement professionnelle, l'autre purement politique.

L'Ecole catholique préconise encore la décentralisation administrative : elle demande qu'on accorde une large autonomie aux Provinces ou régions administrées par des Chambres élues et jouissant de leurs institutions propres dans l'unité du gouvernement national, et qu'on donne aux Communes le droit de régler elles-mêmes les questions de budget, d'enseignement, d'assistance et autres les concernant.

Tels sont les principaux articles du Programme social des catholiques. Ils ne sont que l'application des principes posés dans l'Encyclique sur la condition des ouvriers « par ce Pape, dont le geste large et audacieux, écartant trois siècles de diplomatie de cabinet, va ressaisir aux origines la tradition des grands pontifes rassembleurs de foules, émancipateurs de peuples, législateurs sociaux (1) ».

II. L'École catholique et l'École collectiviste. — Le parti libéral affecte de ne voir dans les doctrines sociales de l'Ecole catholique qu'une forme déguisée du Socialisme ; en cela il fait preuve d'injustice sinon de mauvaise foi. Ces deux écoles, en effet, n'ont presque

(1) De Vogüé. — *Heures d'histoire*, p. 311.

rien de commun. Elles n'ont ni les mêmes principes, ni les mêmes vues, ni les mêmes procédés. Elles s'accordent uniquement pour trouver défectueux le régime économique actuel et désirer une amélioration de la situation matérielle du prolétariat. L'une veut la destruction de notre organisation sociale, l'autre souhaite seulement d'en supprimer les abus ; l'une déclare injuste toute propriété privée et en réclame l'abolition, l'autre proclame la propriété institution de droit naturel et par conséquent légitime et sacrée, seulement elle demande qu'à côté de la propriété privée on crée la propriété corporative et la propriété communale inaliénables, indivisibles, dont l'usufruit appartiendrait à tous ; l'une affiche l'athéisme et nie toute morale révélée, l'autre professe un respect profond pour la religion et donne la loi divine comme base à ses idées sociales ; l'une veut distendre les liens du mariage et détruire la famille, l'autre s'efforce de resserrer ces liens et de sauvegarder une institution sur laquelle repose la société ; l'une n'admet comme forme de gouvernement que la république démocratique pure, l'autre admet toute forme de gouvernement pourvu qu'il soit légitime et se montre respectueux de tous les droits ; l'une rêve bouleversements et révolutions, l'autre ne désire que la paix, l'union et une évolution sans secousse. Ainsi sur tous les points fondamentaux, collectivistes et catholiques se combattent, il faut donc plus que de la bonne volonté pour trouver qu'ils tendent au même but et que leurs idées se ressemblent jusqu'à se confondre.

III. L'ÉCOLE CATHOLIQUE ET L'ÉCOLE DES SOCIALISTES D'ÉTAT. — Les catholiques, nous l'avons vu, sont franchement interventionnistes. Avec Léon XIII, ils croient que « l'équité demande que l'Etat se préoccupe des travailleurs et fasse en sorte que de tous les biens qu'ils procurent à la société, il leur revienne une part convenable, et qu'ils puissent vivre au prix de moins de peines et de moins de privations. D'où il suit que l'Etat doit favoriser tout ce qui, de près ou de loin, paraît de nature à améliorer leur sort. Cette sollicitude, bien loin de préjudicier à personne, tournera au contraire au profit de tous, car il importe souverainement à la nation que des hommes qui sont pour elle le principe de biens indispensables ne se trouvent pas continuellement aux prises avec les horreurs de la misère (1) ». Mais cette in-

(1) Encyclique : *Rerum novarum*.

tervention les catholiques la veulent réduite à l'indispensable, car plus que personne, ils ont des motifs de se défier de toute ingérence de la part de pouvoirs aujourd'hui presque partout hostiles à la Religion et à l'Eglise. Ils la considèrent non comme chose excellente en elle-même, mais comme une sorte de mal nécessaire, ou comme un moindre mal. Ils admettent que des abus peuvent facilement se glisser ; aussi au lieu de concentrer, comme le font les socialistes d'Etat, tous les services, toutes les entreprises, tous les monopoles entre les mains de l'Etat ne lui demandent-ils que d'intervenir lorsque le bien public l'exige et que l'initiative privée est impuissante. Ils appellent de tous leurs vœux le jour où le monde du travail organisé corporativement pourra se suffire à lui-même et n'aura plus besoin d'une protection qui se change trop souvent en oppressive tutelle. Le rôle de l'Etat se bornera alors à reconnaître les groupements professionnels et à veiller à l'exécution des mesures qu'ils auront arrêtées dans l'intérêt du métier. — Le Socialisme d'Etat consistant essentiellement dans « un empiètement sur le juste domaine de l'activité personnelle », on est loin de ce socialisme lorsque, comme les catholiques, on se contente de demander que l'Etat intervienne là où, sans action publique et législative, le bien nécessaire ne saurait être obtenu, ni l'injustice empêchée ou redressée.

IV. L'ÉCOLE CATHOLIQUE ET L'ÉCOLE LIBÉRALE. — L'Ecole catholique réprouve presque aussi énergiquement les principes de l'Ecole libérale que ceux des Ecoles socialistes ; elle les regarde, dans leur ensemble, comme faux, anti-chrétiens, anti-naturels, anti-sociaux et par conséquent souverainement funestes. Elle est convaincue que nous leur devons la triste situation dans laquelle nous nous débattons. Ils ont accumulé les misères et les abus, ils ont ainsi ouvert la voie au Socialisme. Ils la lui ont ouverte non pas seulement en autorisant bien des injustices; mais encore en semant des idées dont on n'a eu qu'à tirer les conséquences pour arriver aux pires doctrines. M. de Mun résumait de la manière suivante les griefs que formulent les catholiques contre le libéralisme : « C'est un régime *funeste au point de vue religieux*, parce qu'il s'est fondé sur les maximes de l'Encyclopédie, il est réprouvé par la conscience chrétienne. C'est un régime condamné parce que, lui aussi, comme le socialisme, il repose sur le mépris de la loi divine et qu'il donne comme principe unique à l'activité humaine, la poursuite de la richesse et la satisfaction des intérêts matériels. C'est un régime *funeste au point de vue moral*, parce que dans cette poursuite de la richesse, dans cette lutte des intérêts, il a ouvert la porte à toutes les suggestions de l'égoïsme et de la violence, en haut comme en bas, sans autre frein contre elles que la force. C'est un régime *funeste au point de vue social*, parce qu'il n'a laissé subsister que l'intérêt général, c'est-à-dire les individus et l'Etat, préparant ainsi la concentration administrative de toutes les forces de la nation, la main mise, toujours plus lourdement, par l'Etat, sur toute la vie publique, qui est une des formes du socialisme et comme le premier acte de son règne. C'est un régime *funeste au point de vue économique*, parce qu'il a entraîné, par les nécessités de la concurrence entre les intérêts, tous les abus, toutes les souffrances que le monde industriel a vu se développer dans son sein, tous les excès d'une spéculation, qui n'est pas seulement le stimulant nécessaire du commerce, mais qui devient le but unique des transactions et le moyen d'arriver rapidement à la richesse (1) ». Le même orateur disait dans une autre circonstance : « Catholiques, nous repoussons également le Libéralisme anti-chrétien et le Socialisme d'Etat ; nous ne voulons pour le pouvoir public ni l'indifférence et l'abdication de son devoir social, ni le despotisme qui lui permettrait d'absorber dans ses mains toutes les forces vives de la nation (2) ».

V. L'ÉCOLE CATHOLIQUE ET SES PRINCIPALES FRACTIONS. — Tous les catholiques sont d'accord pour désirer l'amélioration du sort de la classe laborieuse, souhaiter le retour aux principes chrétiens, travailler au rétablissement de l'influence salutaire de l'Eglise, s'opposer aux progrès du Socialisme et recommander un certain nombre de mesures sociales. Mais, sur d'autres points, il y a entre eux des divergences doctrinales considérables ; ils forment trois groupes très distincts : le groupe des *démocrates chrétiens*, le groupe *des réformateurs catholiques* ou *école de Liège*, le groupe des *catholico-libéraux* ou *école d'Angers*.

(1) Discours à la Chambre des députés, 30 avril 1894.

(2) Discours prononcé, en 1884, à la clôture de l'Assemblée générale de l'Œuvre des cercles catholiques

1° *Les démocrates chrétiens.* — Ils forment l'avant-garde du parti. Malgré certaines idées avancées, on ne saurait équitablement les confondre avec les socialistes, car dès la première heure ils ont écrit sur leur drapeau : *Religion, Famille, Propriété, Patrie.* Ils existent comme groupe distinct depuis le congrès ouvrier chrétien tenu à Paris en juillet 1896 (1). Ils s'adressent surtout au peuple. Ils ont organisé des groupements exclusivement ouvriers, ils fournissent à leurs membres les moyens de s'initier aux questions sociales et de devenir capables de prendre la parole dans les réunions publiques et de propager les bonnes doctrines parmi leurs camarades de travail. Tandis que les *Réformateurs* catholiques veulent, pour sauver la société, s'appuyer surtout sur la classe dirigeante, les *Démocrates chrétiens* fondent toutes leurs espérances sur le peuple. Le peuple est le nombre, il est la force, il est souverain par le suffrage universel, il est maître des destinées de la nation, rien ne peut se faire qu'avec lui et par lui. Il importe donc d'aller à lui, de se mêler franchement à lui, afin de diriger sa marche, de s'assurer ses sympathies et de préparer à l'Eglise des jours glorieux pour l'avenir. « Le mouvement démocratique est irrésistible, il se fera avec nous ou sans nous, et, s'il se fait sans nous, il se fera contre nous et le christianisme (2). » — Les *Démocrates chrétiens* admettent toutes les réformes dont il a été question plus haut, ils auraient en outre une tendance à préconiser : en *politique* la forme républicaine ; en *économie politique* la suppression du salariat, l'établissement de la participation aux bénéfices, l'administration de l'industrie par les coopérateurs eux-mêmes ; en *économie sociale* l'égalité de tous dans la société ; la distinction des classes doit disparaître, il n'y a d'autre

(1) Le mot de « démocratie chrétienne » fut prononcé par l'abbé Naudet, à la séance de clôture, il fit fortune et servit de mot de ralliement à la partie avancée de l'Ecole catholique. Cette partie forma, dès lors, un groupe à part. Le terme de « démocratie chrétienne » a été vivement critiqué par beaucoup ; le souverain Pontife a cru devoir dire sa pensée sur ce point. On ne saurait trop se conformer aux avis si sages qu'il donne dans les premières pages de son Encyclique, du 18 janvier 1901.

(2) Mgr Doutreloux, évêque de Tournay.

noblesse que celle du talent, de la vertu et de l'honneur. — Parmi les démocrates chrétiens il faut citer : — en France, *Léon Harmel*, *H. Savatier*, les abbés *Naudet*, *Lemire*, *Gayraud*, *Six*, et les membres des Cercles catholiques ouvriers d'études sociales ; — en Belgique, *Helleputte*, *Verhægen*, le chanoine *Pottier*, Mgr *de Harlez* et toute la *Ligue démocratique anti-socialiste belge* ; — en Amérique, *Ireland*; — en Autriche, *Falkenstein*, *Aloïs de Liechtenstein* ; *Lüger* ; — en Suisse, *Decurtins* (1).

2° *Les Réformateurs catholiques.* — Ce sont leurs doctrines que nous avons exposées au commencement de ce chapitre, elles reflètent le mieux la pensée pontificale et les enseignements de l'Eglise ; elles ont reçu, à maintes reprises, du Saint-Siège, les approbations les

(1) « Quelques irréguliers de la démocratie chrétienne — l'abbé Daens, en Belgique, et l'abbé Stolajeski, en Galicie — sont tombés dans des erreurs doctrinales regrettables ; mais ils ont été désavoués par le parti et condamnés par l'autorité suprême de l'Eglise. En France, des démocrates chrétiens se sont laissés aller à des exagérations de langage,... mais, comme le remarque très justement M. l'abbé Pastoret, même en regrettant la division opérée dans la défense des catholiques par ce mouvement inattendu, on ne saurait dénier à des catholiques, parce qu'ils sont catholiques, le droit de professer sur la crise que traverse notre époque des opinions laissées libres par l'Eglise, et qui leur paraissent plus aptes à procurer le rétablissement de l'ordre social. Les démocrates chrétiens ne sont pas condamnés par l'Eglise. On a longtemps, mais vainement, attendu une condamnation. Cette condamnation ne pouvait pas venir, puisque rien dans les doctrines ne s'écarte des règles posées par le dogme. Tout au plus avait-on quelque raison de s'attendre à une réprimande discrète sur l'inopportunité de tel ou tel procédé pratique ; or, cela même n'est pas venu. Visiblement les démocrates chrétiens, quand ils ne se livrent pas à de trop bruyantes incartades oratoires, font les affaires de l'idée sociale qu'a voulu remettre en honneur la Papauté. Donc, que personne ne s'arroge le pouvoir d'excommunier ceux que la suprême vigilance de l'Eglise ne songe pas à tourmenter pour le moment. On peut ne pas les suivre, on en a le droit absolu ; on peut les combattre doctrinalement aussi bien qu'au point de vue tactique, on en a également le droit absolu ; mais, en définitive, il faut leur reconnaître leur place naturelle dans la famille catholique. » Cf. ANTOINE, S. J. — *Cours d'économie sociale*, p. 250.

plus flatteuses. Les principaux représentants de ce groupe sont : en France, *de Mun*, *de La-Tour-du-Pin*, *de Ségur-Lamoignon*, *Goyau*, *Coulazou*, *Le Cour Grandmaison*, *Nogues*, *de la Guillonnière*, *P. Antoine*, *S. J.*, *Dehon*, l'Œuvre des cercles, la rédaction de l'*Association catholique* et de la *Sociologie catholique ;* — en Angleterre, le cardinal *Manning*, *Mgr Bagshawe*, *Devas*, *Lilly ;* — en Allemagne, *Mgr de Ketteler*, *Mgr Korum*, l'abbé *Winterer*, les PP. *Lehmkuhl*, *Cathrein*, *Meyer*, *Pesch*, l'abbé *Hitze*, de *Hertling*, *Ratzinger* ; — en Italie, *Mgr Nicotra*, *Toniolo*, le P. *Liberatore*, l'avocat *Burri* ; — en Belgique, *Mgr Doutreloux ;* — en Suisse, l'école de Fribourg avec le P. *Weiss*, dominicain ; — en Autriche, *Vogelsang*, *Zalinger*, *de Thun*, *Blome*, les PP. *Costa Rossetti*, *Biederlac*, *Kolb* ; — en Amérique, le cardinal *Gibbons* (1).

(1) Voici le *Programme* de réforme sociale qu'exposait M. de Mun, dans son discours de Saint-Etienne, le 18 décembre 1892. C'est le programme moyen du parti catholique. « A mes yeux, l'ensemble de nos revendications doit tendre à assurer au peuple la jouissance de ses droits essentiels méconnus par le régime individualiste : la représentation légale de ses intérêts et de ses besoins au lieu d'une représentation purement numérique ; la préservation du foyer et de la vie de famille ; la possibilité pour chacun de vivre et de faire vivre les siens du produit de son travail, avec une garantie contre l'insécurité résultant des accidents, de la maladie, de la vieillesse et du chômage ; l'assurance contre la misère inévitable ; la faculté pour l'ouvrier de participer au bénéfice et même, par la corporation, à la propriété des entreprises auxquelles il concourt par son travail ; enfin la protection contre les agiotages et les spéculations qui épuisent les épargnes du peuple et le condamnent à l'indigence, pendant que, suivant les paroles de l'Encyclique, « une fraction, maîtresse absolue du commerce et de l'industrie, détourne le cours des richesses et en fait affluer vers elle toutes les ressources ». Deux forces doivent concourir à la réalisation de ce Programme : l'organisation professionnelle et la législation.

« L'*organisation professionnelle*, pour laquelle nous demandons la liberté la plus large, donnera le moyen d'assurer la représentation publique du travail, dans les corps élus de la nation, de déterminer, dans chaque profession industrielle ou agricole, le taux du juste salaire, de garantir des indemnités aux victimes d'accidents, de maladies ou de chômages, de créer une caisse de retraite pour la vieillesse, de prévenir les conflits par l'établissement de conseils permanents

3° *Les catholico-libéraux* (1). — Elevés dans les doctrines libérales, ils n'ont pu, quoique fils respectueux et dévoués de l'Eglise, s'affranchir des préjugés de leur éducation économique. Ils ne voient qu'avec un effroi extrême la Papauté s'engager dans la voie où elle nous convie à la suivre. Ils accusent les catholiques de l'école de M. de Mun d'être des socialistes inconscients et dangereux ; ils leur reprochent de restreindre le droit de propriété, de faire intervenir l'Etat d'une façon abusive, de porter atteinte à la liberté individuelle en réclamant l'ingérence des pouvoirs dans les contrats de travail, de former par leurs syndicats et leurs essais de corporation les cadres de l'armée qui marchera à l'assaut de la société, de jeter dans les masses des idées souve-

d'arbitrage, d'organiser corporativement l'assistance contre la misère, enfin de constituer entre les mains des travailleurs une certaine propriété collective à côté de la propriété individuelle et sans lui porter atteinte.

«La *législation* protégera le foyer et la vie de famille, par la restriction du travail des enfants et des femmes, l'interdiction du travail de nuit, la limitation de la journée de travail, l'obligation du repos dominical ; dans les campagnes, en rendant insaisissables la maison et le champ du cultivateur, les instruments et le bétail de première nécessité. Elle facilitera la vie de l'ouvrier et du paysan par la diminution et la réforme des charges fiscales, particulièrement des impôts qui frappent la subsistance. Elle favorisera la participation aux bénéfices, la constitution des sociétés coopératives de production ; dans les campagnes, l'association du métayage. Enfin, elle protégera la fortune nationale, l'épargne populaire et la morale publique par des lois sur l'agiotage, sur le jeu et les opérations de bourse, sur le fonctionnement des sociétés, sur l'exclusion des étrangers de l'exploitation et de la direction des grands services publics, sur l'interdiction pour les fonctionnaires, les représentants de la nation et agents du pouvoir, de participer aux spéculations financières... »

(1) On appelle cette école *l'école d'Angers*, parce que c'est d'Angers qu'est parti le mouvement. C'est dans un congrès tenu, en 1889, dans cette ville, que fut tracé le programme. Mgr Freppel le développa avec sa verve et son ardeur habituelles. On appelle aussi cette école *l'école de Mouveaux* ou *l'école des Patrons du Nord*, parce qu'un grand nombre de ces patrons, réunis à Mouveaux, en ont accepté les principes.

rainement périlleuses en parlant sans cesse d'abus, de n'avoir continuellement à la bouche que le mot de justice, alors que la plupart des devoirs du patron ne correspondant pas à des droits rigoureux de l'ouvrier ne peuvent être que des devoirs de charité ou tout au plus d'équité naturelle. Les catholico-libéraux sont pour le droit de propriété absolu, ils ne reconnaissent à l'Etat d'autre rôle régulier que celui de protéger les droits et de donner l'exemple de la réglementation du travail dans les industries qui dépendent de lui ; ils ont de grandes défiances contre tous les groupements, parce que dans tous ils voient une machine de guerre ; ils trouvent que le régime économique actuel ne mérite pas les critiques qu'on en fait ; ils enseignent que les avantages destinés aux classes populaires leur sont dispensés par les classes dirigeantes à titre de don gratuit et volontaire, par obéissance aux prescriptions de la *charité*, non à cause d'une obligation de *justice*. Les remèdes qu'ils recommandent sont : l'éducation religieuse des masses, la décentralisation politique et administrative, l'exercice du patronage, de la part des chefs d'industrie, la liberté complète de tester laissée au père de famille, la corporation libre et chrétienne, les mesures de prévoyance, les habitudes d'ordre, de moralité et d'épargne, les assurances privées, les sociétés de secours mutuels, etc., etc. Ils disent avec Mgr Freppel : « liberté individuelle, liberté d'association avec toutes ses conséquences légitimes, intervention de l'Etat limitée à la protection des droits et à la répression des abus ; voilà notre formule dans la question du travail ».

Cette école n'a guère de représentants qu'en France ; ses principaux partisans sont : *Mgr Freppel*, *Claudio Janet*, *Hubert-Valeroux*, *Charles Périn*, *d'Haussonville*, *Lucien Brun*, *Théry*, *Féron-Vrau*, *Keller*, *Joseph Rambaud*, l'abbé *Onclair*, les PP. *Castelein* et *Fristot*, *S. J.*, le chanoine *Delassus*, le P. *Ludovic de Besse*, franciscain, *H. Joly*, *A. Roussel*, *Arthur Loth*, l'*Association des patrons de N. D. du Haut-Mont*. Elle a pour organes : la *Revue catholique des Institutions et du Droit*, les *Conférences d'Etudes sociales de N. D. de Haut-Mont* ; la *Verité française*. Le livre qui résume le plus complètement son esprit et ses doctrines est l'ouvrage de M. Joseph Rambaud : *Eléments d'économie politique*.

VI. Précis historique sur l'école catholique. —

1° *Les Précurseurs.* — Si on voulait remonter jusqu'aux origines du mouvement social catholique, il faudrait remonter jusqu'au berceau même de l'Église. Il a commencé avec la promulgation de l'Evangile et il s'est poursuivi à travers les âges, comme il est facile de s'en convaincre en lisant les écrits des Pères, des Théologiens, des Papes et des Canonistes. Il ne s'est cependant jamais dessiné plus net que durant la seconde partie du siècle qui vient de finir. C'est de notre temps que s'est posée avec une particulière acuité la question sociale, elle préoccupa dès la première heure un grand nombre de catholiques « qui, suivant le mot de Léon Grégoire, non contents d'apporter aux misérables les consolations de la charité, firent entendre en leur faveur les protestations de la justice et substituèrent les plans d'une réforme et d'une législation sociale basées sur l'Evangile, aux soulagements arbitraires et provisoires proposés par la philanthropie ».

Parmi les précurseurs modernes, malheureusement pas toujours assez prudents et assez orthodoxes, du mouvement catholique social actuel, on pourrait citer dans notre siècle, l'abbé de *Lamennais* et l'école de l'*Avenir ; Buchez*, l'auteur de l'*Introduction à l'étude de l'histoire ; Huet*, qui a exposé ses idées dans son *Règne social du christianisme* ; *Le Play*, qui, le premier, par les faits et l'expérience, a montré l'inanité des principes de la Révolution. Mais le grand et vrai initiateur est l'illustre évêque de Mayence, *Guillaume-Emmanuel de Ketteler*, né en 1811 à Münster, en Westphalie. Il a donné aux catholiques les principales lignes de leur programme social. Avant Lassalle et Karl Marx il a signalé et flétri les iniquités de notre régime économique, demandé la suppression des abus, pris en main la cause des ouvriers et cherché les moyens de porter remède aux maux dont souffre le prolétariat. Il a développé ses théories dans le livre qu'il a intitulé : la *Question ouvrière et le christianisme*, dans des discours divers prononcés en 1848, pendant qu'il était député à la diète de Francfort, et dans plusieurs sermons très remarquables prêchés après son élection à l'évêché de Mayence, en 1850.

2° *L'école catholique jusqu'à la publication de l'Encyclique « Rerum novarum »*, 15 *mai* 1891 (1). — Cette première

(1) Cf. Léon Grégoire. — *Le Pape, les catholiques, et question sociale*, 1re partie.

période a été une période de tâtonnements. On hésite, on cherche, on discute, on étudie, on essaie d'arrêter un programme ; il y a, surtout au début, plus d'aspirations généreuses que de points de doctrine déterminés. — En France, MM. *de Mun* et de *La-Tour-du-Pin Chambly* fondent en 1871 l'*Œuvre des Cercles*, dont les directeurs se mettent bientôt à l'étude des grands problèmes sociaux de notre temps. En 1875, ils créent la Revue : l'*Association catholique*, dans laquelle des écrivains d'un incontestable talent n'ont cessé de publier des articles remarquables. Ils attirent l'attention des catholiques sur des questions jusque-là trop négligées, ils inspirent le goût des études économiques et font naître un mouvement qui a été toujours grossissant. — En Autriche, le baron de *Vogelsang*, aidé de *Maxen* et de *Rudolf Meyer*, relève le journal *Le Vaterland*, fonde la Revue *Monatschrift für christliche Sozialreform* et dans leurs colonnes révèle les misères du travailleur, réclame une réorganisation sociale, pose les principes dont, après lui, s'inspireront *Kuefstein*, *Blome*, *Belcredi*, *de Liechtenstein*, *Zallinger*, *Eickhom* et les autres *féodaux*. — En Suisse, l'impulsion a été donnée par *Gaspard Decurtins*, elle a été favorisée par l'*Union de Fribourg*, et, dès le début, le mouvement a pris un caractère nettement démocratique. — En Italie, le P. *Liberatore*, dans ses *Principes d'économie politique*, s'attaque vigoureusement aux erreurs libérales, il expose les doctrines de la théologie sur les matières délicates de l'économie politique avec une clarté, une franchise, une précision, une autorité, qu'on ne saurait trop louer. — En Allemagne, les évêques *Korum* et *Fischer*, les abbés *Hitze* et *Winterer* se font les apôtres des idées de Ketteler. — En Angleterre apparaît la grande figure de *Manning*. Partout les catholiques s'occupent des problèmes sociaux, ils les traitent dans leurs Revues, ils les discutent dans leurs Congrès, ils se communiquent leurs plans et leurs incertitudes, ils précisent leurs vues, ils arrivent lentement à réunir en un corps de doctrine leurs critiques et leurs vœux, ils n'attendent pour poursuivre leur croisade avec une nouvelle ardeur qu'un encouragement venu du chef vénéré de l'Eglise, qu'une direction précise donnée par celui qui a été constitué l'infaillible dépositaire de toute vérité révélée.

3° *L'école catholique depuis la publication de l'Encyclique « Rerum novarum »*. — Pendant qu'il n'était encore qu'archevêque de Pérouse, Léon XIII avait, en 1877, signalé dans des termes énergiques « l'erreur inhumaine de l'économie politique moderne, le colossal abus de la pauvreté et de la faiblesse, l'intolérable existence des enfants dans les fabriques et l'absolue nécessité d'une législation qui mît fin à d'aussi criantes iniquités ». Elevé sur le trône pontifical, il montra une sollicitude particulièrement affectueuse pour ces « classes inférieures composées en majorité d'hommes réduits à la condition d'une misère imméritée ». Il favorisa et bénit toutes les tentatives faites pour améliorer leur sort. Il ne dissimula jamais ses sympathies pour les hommes, prêtres ou laïques, qui consacrent leur vie à la tâche souvent ingrate de trouver des remèdes au mal dont souffre notre société ; il les a soutenus contre ceux qui les traitaient de dangereux socialistes, il les a encouragés à poursuivre leur œuvre malgré critiques et oppositions et il leur a donné la plus belle récompense qu'ils pouvaient désirer pour leurs efforts quand il a publié l'immortelle Encyclique *sur la condition des ouvriers*. La publication de ce monument appelé « la charte catholique du travail » a été un événement, et la date du 15 mai 1891 restera inoubliable dans l'histoire des luttes économiques de notre temps, comme dans les fastes de la Papauté contemporaine. Forts de la haute consécration reçue par leur doctrine, soutenus par la certitude de ne plus se trouver sans guide dans la délicate campagne qu'ils poursuivent, armés de cet incomparable document doctrinal qui leur fournit les principes les plus lumineux et les plus sûrs, les catholiques se sont remis à l'œuvre avec une nouvelle ardeur. Dans tous les pays l'Encyclique a été lue, étudiée, commentée ; des groupes nouveaux d'études sociales se sont fondés ; des Revues ont été créées pour en vulgariser les idées ; des livres nombreux ont été écrits sur ces matières ; le mouvement chrétien s'est accentué en France, en Belgique, en Suisse, en Autriche, partout. On s'est appliqué à faire pénétrer les théories catholiques dans les masses populaires et, quoique les résultats soient loin d'être tels qu'on les souhaiterait, ils ont suffi pour alarmer les socialistes auxquels M. de Mun pouvait dire du haut de la tribune de la Chambre des députés : « Je comprends que vous soyez émus de voir des catholiques et des prêtres se mêler au peuple, lui parler, prendre sa défense, lui montrer dans l'Evangile la garantie de la justice, l'aider à s'organiser pour le soustraire à la tyrannie collectiviste ! Je le comprends, car vous savez bien que l'avenir social se jouera dans cette rencontre suprême entre le christianisme et le socialisme » (1).

(1) *Discours à la Chambre des Députés du 30 avril 1894.*

APPENDICE

École de la Paix Sociale.

Nous ne pouvons finir cette étude sur les différentes Ecoles sociales sans dire un mot de l'Ecole de la Paix sociale; elle a été fondée par Le Play (1806-1882), qui eut le grand mérite de rompre avec les errements de l'ancienne économie politique et de montrer l'inanité des doctrines libertaires de la Révolution. Il donna le premier coup de pioche dans cet édifice qu'on proclamait encore alors immortel. Plus que tout autre, il a contribué à ébranler le culte « des faux dogmes » de 1789 dont, dans tous ses ouvrages, avec une persistante énergie, il a mis en relief les périls. Ses démonstrations ont eu d'autant plus de force qu'il a fait appel exclusivement à l'observation. De la masse des faits qu'il a rassemblés, s'est dégagé cette conclusion que les institutions établies par la Révolution ont surtout nui à la famille ouvrière.

Jusqu'à Le Play on ne s'était servi, pour l'étude de l'économie politique, que de la méthode *aprioristique*; il sentit vite l'insuffisance et les côtés faibles de ce procédé. Formé à l'école rigoureuse des sciences, il lui fallait quelque chose de plus conforme à ses habitudes de polytechnicien. Il eut recours à l'induction et ne se servit que de la méthode *postérioristique*. Tout son système repose sur l'observation; il précède par monographies. Il pénètre dans l'intérieur des familles, étudie l'histoire domestique des plus humbles ménages, fouille leur passé, analyse leur patrimoine, leurs contrats, leurs testaments, leur genre de vie, leur budget, tous les côtés de leur existence et dégage ses conclusions des faits observés.

Ayant remarqué que c'est chez les peuples où existe la famille-souche (1), où le Décalogue est le mieux gardé, où les maîtres pratiquent davantage les devoirs du patronage, qu'on trouve le plus de bien-être, de stabilité et de paix, il demande : 1° que les lois rendent possible un retour à la famille-souche, dont le régime, pratiqué toujours en Angleterre et en Amérique, n'est pas inconciliable avec l'épanouissement de la prospérité économique. Pour cela, il faut rendre aux parents la liberté testamentaire ; 2° que l'Etat favorise la religion, qu'il veille à ce que ses membres observent le Décalogue, qu'il impose rigoureusement le repos du dimanche. Par religion, Le Play entend une religion et non point telle religion en particulier, par exemple la religion catholique ; 3° que le patron prenne son titre au sérieux et remplisse fidèlement tous les devoirs que le patronage impose. « Faire respecter la loi de Dieu et particulièrement le précepte dominical ; assurer la liberté de la famille au point de vue de la transmission de ses biens et de l'enseignement de ses enfants ; soutenir les faibles et les déshérités par l'épanouissement de la charité chrétienne et par les fondations pieuses ; donner à la commune et à la province l'autonomie compatible avec l'unité nationale et une juste centralisation politique, rétablir la paix par l'association libre et par le patronage du chef d'industrie : voilà, résumé en quelques mots, le programme précis et pratique des réformes que préconise l'Ecole de la Paix sociale (2). »

(1) Le type famille-souche est caractérisé par la permanence d'un foyer (établissement agricole ou industriel). Celui-ci n'est pas divisé ou aliéné à chaque génération. Un descendant, désigné par le père de famille, le conserve intact ; parmi ses frères, les uns restent auprès de lui, les autres vont fonder ailleurs un foyer nouveau qui se transmettra de la même manière. C'est le régime de la race anglo-saxonne, c'est le régime qui existait autrefois en France, c'est le régime que tâchent de continuer encore quelques-uns de nos départements du Midi, malgré les prescriptions contraires du Code civil. Le Play distingue trois types de famille : la famille *patriarcale*, la famille *souche*, la famille *instable*.

(2) CLAUDIO JANET. — *Polybiblion*, 1891, p. 321.

Le Play fonda, en novembre 1856, la *Société internationale d'Economie sociale* et plus tard les *Unions de la Paix sociale*. Les deux sociétés existent toujours ; la première continue la publication des *Ouvriers des Deux-Mondes* ; la seconde, se recrutant dans les classes qui ont à jouer un rôle de patronage, propage les conclusions tirées de l'expérience ; elle a pour organe officiel la *Réforme sociale*.

L'École de l'illustre maître continue à vivre et à prospérer, quoiqu'on puisse lui reprocher un peu de timidité. Elle compte parmi ses membres les plus éminents : *Cheysson*, *Eugène Rostand*, *René Stourm*, *Georges Picot*, *Léon Lallemand*, *Henri Beaune*, *Jules Michel*, *Bechaux*, *Albert Gigot*, *Glasson*, *Etcheverry*, *Challamel*, *Angot des Rotours*, *Blondel*, etc., etc. Elle s'inspire comme par le passé de l'esprit de son fondateur, elle demeure fidèle à sa méthode et marche dans la voie des réformes avec une extrême lenteur. Plusieurs lui reprochent de manquer d'originalité et de se borner trop souvent à jurer sur la parole du Maître et même dans la solution des questions sociales un peu brûlantes d'être beaucoup plus timorée que le Maître.

Un des disciples de Le Play, l'abbé *Henri de Tourville*, trouvant que l'Ecole de la Paix sociale perdait toute originalité féconde, pour devenir, suivant son expression, une bonne œuvre sans portée et sans vitalité, s'est séparé d'elle avec bruit et a tenté de constituer une école nouvelle qui ne se contenterait pas d'étudier les travaux de Le Play, mais qui chercherait à les compléter. Il a été suivi dans sa défection par un certain nombre de membres des *Unions de la Paix sociale* dont le plus célèbre est *Edmond Demolins*, et ensemble pour propager leurs idées ils ont fondé, en 1886, une revue qu'ils ont nommé la *Science Sociale*.

L'Ecole de Le Play a préparé les voies à l'Ecole catholique. En préconisant l'excellence du Décalogue et en recommandant l'observation de ses préceptes, l'illustre observateur a disposé les esprits à écouter des doctrines sociales basées sur l'Evangile. Il peut en toute justice être classé parmi les précurseurs du mouvement chrétien qui s'est produit de notre temps dans l'ordre économique. Après avoir mieux que personne étudié les questions ouvrières et les misères sociales, il s'est peut-être arrêté en route et n'a pas, dans l'indication des remèdes, assez insisté sur la nécessité de recourir à des moyens que nous croyons seuls efficaces ; mais on ne peut pas ne pas considérer comme étant un peu des nôtres celui qui, ayant atteint la pleine maturité de son beau talent, disait : « Tant que je n'aurai pas vu mes amis réunis périodiquement dans une chapelle autour d'un prêtre qui, nous connaissant et ne parlant que pour nous, nous dise toutes nos vérités, je ne croirai pas avoir bien arrangé ma vie. Et tant qu'à ma table je ne pourrai pas réciter le *benedicite* sans qu'aucun de mes hôtes s'en étonne, je ne penserai pas avoir fait assez pour le retour des bonnes coutumes ».

CONCLUSION

De tout ce qui précède il résulte : qu'il y a une question sociale ; que cette question est souverainement grave, souverainement délicate et souverainement complexe ; qu'elle préoccupe les hommes d'Etat comme les hommes d'Eglise ; qu'elle appelle une solution prompte et équitable ; que parmi les solutions proposées beaucoup sont inacceptables ; que seules, celles qui s'inspirent de l'Evangile, peuvent être efficaces ; que pour sortir de la triste situation où nous nous débattons il n'y a pas trop de toutes les bonnes volontés et de tous les efforts. Les catholiques, laïques et prêtres, n'ont pas le droit de se tenir à l'écart, ils ne sauraient trop méditer les paroles par lesquelles Léon XIII termine sa magistrale Encyclique : *Rerum novarum.* « Que chacun se mette à la part qui lui incombe et cela sans délai, de peur qu'en différant le remède on ne rende incurable un mal déjà si grave. Que les gouvernants fassent usage de l'autorité protectrice des lois et des institutions ; que les riches et les patrons se rappellent leurs devoirs ;

que les ouvriers dont le sort est en jeu poursuivent, par des moyens légitimes, la revendication de leurs droits : et puisque la religion seule est capable de détruire le mal dans sa racine, que tous se rappellent que la première condition à réaliser, c'est la restauration des mœurs chrétiennes sans lesquelles les moyens suggérés par la prudence humaine comme les plus efficaces seront peu aptes à produire de salutaires résultats. Quant à l'Eglise, son action ne fera jamais défaut et sera d'autant plus féconde qu'elle aura pu se développer avec plus de liberté. Que ceux-là surtout le comprennent dont la mission est de veiller au bien public. Que les ministres sacrés déploient toutes les forces de leur intelligence et toutes les industries de leur zèle, et que, guidés par les paroles et les exemples de leurs Evêques, ils ne cessent d'inculquer aux hommes de toutes les classes les règles évangéliques de la vie chrétienne. »

TABLE DES MATIÈRES

PREMIÈRE PARTIE

La question sociale.

DEUXIÈME PARTIE

Les écoles sociales.

I

ECOLE LIBÉRALE

APPENDICE

II

ÉCOLE SOCIALISTE

III

ÉCOLE CATHOLIQUE

APPENDICE

1333-08. — Imprimerie des Orphelins-Apprentis, F. BLÉTIT, 40, rue La Fontaine, Paris-Auteuil.

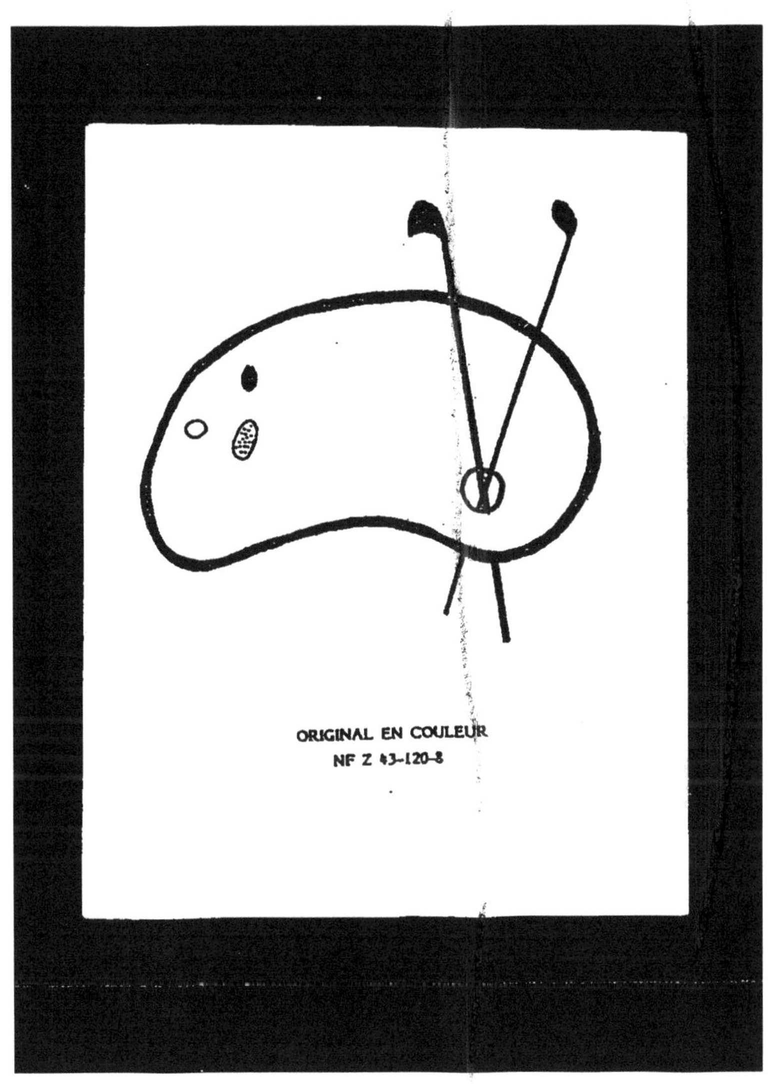

www.ingramcontent.com/pod-product-compliance
Ingram Content Group UK Ltd.
Pitfield, Milton Keynes, MK11 3LW, UK
UKHW020152200726
13856UKWH00003B/961

9 782011 946683